变局中的新局

全球经济与政策选择

凤凰网财经　主编

人民日报出版社

北京

图书在版编目（CIP）数据

变局中的新局：全球经济与政策选择 / 凤凰网财经主编. -- 北京：人民日报出版社，2020.11

ISBN 978-7-5115-6606-5

Ⅰ.①变… Ⅱ.①凤… Ⅲ.①世界经济—经济政策—文集 Ⅳ.①F110-53

中国版本图书馆CIP数据核字（2020）第203080号

书　　名：变局中的新局：全球经济与政策选择
　　　　　BIANJU ZHONG DE XINJU：QUANQIU JINGJI YU ZHENGCE XUANZE

主　　编：凤凰网财经

出 版 人：刘华新
责任编辑：蒋菊平　李　安
封面设计：主语设计
版式设计：九章文化

出版发行：人民日报出版社
社　　址：北京金台西路2号
邮政编码：100733
发行热线：（010）65369527　65369512　65369509
邮购热线：（010）65369530　65363527
编辑热线：（010）65369528
网　　址：www.peopledailypress.com
经　　销：新华书店
印　　刷：大厂回族自治县彩虹印刷有限公司
法律顾问：北京科宇律师事务所　010-83622312

开　　本：710mm×1000mm　1/16
字　　数：232千字
印　　张：19.5
版次印次：2020年11月第1版　2020年11月第1次印刷

书　　号：ISBN 978-7-5115-6605-5
定　　价：56.00元

第三编　发展新格局

第四编　产业新格局

第五编　金融新格局

序　言

什么是2020年的底色？

刘　爽

如果再过100年，那时的人们会怎样记录和评价2020年？

毫无疑问，对于整个人类来说，2020年，"悲观"是有足够的理由成为这一年的底色的。疫情让数以万计的人痛失我爱；经济的不景气让很多企业活得挣扎；而当对抗、炫耀，甚至鼓吹脱钩，这些与历史前行背道而驰的言论成为一股潮流时，人类又似乎显得缺乏对等的约束力。

作者系凤凰网CEO、凤凰卫视COO。

但我想，比"悲观"更合适描述2020年的一个词，是"撕裂"。

这是一个**全球化撕裂**的时代，经济的繁荣曾经让我们以为全球化是一个不可争辩的共识。的确，从过往的经验来看，全球化的大分工使得国家间依存度显著上升，甚至连经济周期都变得同调化。但是，当疫情把"衰退"——这个经济学上已经快被淡忘的词语——带到我们面前时，我们才发现，原来对于全球化的信仰在被政治裹挟的"民粹主义"面前是如此的力不从心；

这也是一个**价值观撕裂**的时代，互联网的流行看似已经弥合了全世界人们对于价值认知的鸿沟，但是这轮疫情却让我们发现，原来即便是在同一个群体内部，对大是大非的问题都莫衷一是，遑论国与国之间。面对巨大的、纵横交错的鸿沟，我们开始不得不思考托马斯·弗里德曼在2004年提出的那个论断的正确性——这个世界真的是平的吗？

2020年，人类在纠结与对抗中辗转反侧；2020年，人类在紧密和松散之间犹豫不决。

但是，我不相信这种情况会长久地持续下去。封闭和藩篱绝对不是人类发展的主题，否则郑和的船只从太平洋起锚，哥伦布的双脚登上美洲，辣椒的种子种植在亚洲的土地……这一切，就都变得毫无意义。

越是倒退，我们就越该向前行动；越是撕裂，我们就越该沟通弥合；越是失望，我们就越该满怀希望。

在这个百年不遇的变局时刻，世界各国更需要沟通，更需要共识的凝聚。只有这样，才能战胜这次史上前所未有的危机，恢复往日的繁荣。

在这一信念的召唤下。今年5月，凤凰网财经联合上海交通大学上海高级金融学院、北京大学国家发展研究院举办以"全球经济与决策选择"为主题的"2020凤凰网财经云峰会"。邀请国内外政商学界重磅嘉宾，率先举办了一场高规格、大影响的线上财经峰会。在疫情全球肆虐的至暗时刻，凤凰网作为全球华语主流媒体平台奏响理性、包容的主旋律，向不确定的世界，发出了国内外主流社会坚定的声音。

凤凰网从创立至今便秉承"中华情怀、全球视野、包容开放、进步力量"16个字的初心，危难时刻敢于担当，充分发挥媒体的作用，在严肃、客观地做好新闻报道的同时，也在向世界传播着价值。

这次峰会让我想起了2001年"9·11"事件，当时我们的母公司——凤凰卫视作为国内第一家报道"9·11"事件的华语媒体，以"时间第一、反应第一、行动第一"为宗旨，及时、全面、准确地报道了该事件，在保证全球华人知情权的同时，也巩固了凤凰品牌在华语媒体世界中的领导者地位。

这次疫情对未来世界变局的影响可能比"9·11"事件更大，作为根植中国的主流媒体，再次在历史攸关时刻，率先发出华语媒体的主流声音，我们感到责无旁贷，并倍感自豪。

更令我们欣慰的是，峰会嘉宾真知灼见的观点让本次凤凰网财经云峰会取得了巨大的成功，收获了非凡的影响力。人民日报出版社更是给予我们巨大的支持，将本次峰会的重要观点结集成册，重磅推出《变局中的新局：全球经济与政策选择》一书。

文以载道，书以焕彩，凤凰网搭建的全球财经智库平台，将各位重要嘉宾的深刻观点归纳总结，得以在全球政治经济格局的变局时刻付梓，无愧于作为一流媒体的使命和担当。

本书是凤凰网出版的一本赋予历史经验以现实性启示意义的书籍。从全球经济与政治的选择、全球产业链和供应链的调整，到都市圈的建设、中小企业的发展，从宏观到微观的方方面面都有涉及。作者团队包

括本次峰会邀请到的多位政界、商界、学界的重量级嘉宾，他们是时代的见证者和亲历者。本书可谓是一本荟聚顶尖智慧的书籍，希望能够引发读者的深思和慎思。

特别感谢中国驻美大使崔天凯先生在百忙中接受我们的邀请，为我们提供别具一格看待问题的角度。感谢张五常先生为本书著述，让我们对新冠病毒对全球经济的影响有更深刻的认知。

感谢龙永图先生、朱光耀先生从宏观政策角度评述，也给出了相应的政策评价与展望。先后参加撰稿的执笔人是：张五常、龙永图、曾光、朱光耀、马蔚华、郭广昌、阿代尔·特纳、川村雄介、姚洋、郑之杰、魏建国、盛松成、屠光绍、刘元春、管清友、刘俏、黄益平、宋志平、刘世锦、陈春花、王小鲁、魏后凯、黄奇帆、张燕生、白重恩、张文中、高红冰、倪鹏飞、柯炳生、尚福林、李扬、张春、王江、刘纪鹏、严弘、崔天凯。感谢各位的付出，在一道见证历史的同时，各位也是我们未来的引路人。同时，一如既往地期望读者的批评与建议。

大幕已经开启，全球化是不可逆转的潮流，人类也不会因危机止步不前。100年后，我们的后代也会发现，2020年，只不过是人类历史长河中经常会出现的、犹豫与踟蹰的一个瞬间。正如崔天凯大使所讲，"我们需要给出经得起历史检验的答卷。如果各国合作，阳光就能穿透阴霾，未来将灿烂美好"。

在变局与不确定中，我们相信中国的未来更加光明，人类的未来会更加美好！

刘　爽

2020 年 8 月 22 日于北京

代　序

新冠病毒会导致经济大萧条吗？

张五常

　　尽管我带到美国求学的外甥与自己的儿子在生物与药物的研究上今天皆有所成，我对有关病毒的话题却几乎一无所知。我是研究经济的，从1959到今天没有停顿过。我也曾经在经济历史这方面下过功夫。当年教我欧洲经济史的是史高维尔（Warren C. Scoville，1913—1969）。

　　从表面看，现在全世界蔓延的新冠病毒跟欧洲14世纪出现的黑死病

作者系著名经济学家。

很相似。二者传染力都很强，杀伤力大，与黑死病类似，新冠肺炎患者的皮肤也有呈现黑色的症状。史书说，当年欧洲的黑死病减少了三分之一的人口，导致工资上升、地价下降，而整个地球的经济受到影响，不景气近一个世纪。

昔日的黑死病据说是一种鼠疫（bubonic plague），属细菌——传说是——要是今天出现可用抗生素药物医治。但新冠病毒是病毒，可靠的药物还没有，是以为难。今天，处理病毒的主要方法还是疫苗，属预防性质。目前好些地方正在研发新冠病毒的疫苗。这方面，我不怀疑中国会在几个月后首先推出。话虽如此，我还是有点怀疑昔日的黑死病与今天的新冠病毒可能是同一回事。昔日的黑死病源自老鼠，今天的新冠病毒源自蝙蝠。蝙蝠不是有点像老鼠吗？

然而，时代毕竟是改变了。今天看，地球经济不景气百年是不会出现的，但大萧条会出现吗？会的，因为如果我们以昔日的准则，以失业率百分之十作为大萧条的衡量标准，不幸的情况在地球上好些地方已经出现了。好些地方的失业率远超百分之十。这样，问题再不是大萧条会不会出现，而是开始出现了的大萧条需要怎样挽救。

近代历史上，称得上是大萧条的只有1929年起自美国那一次，经久不振，直到1941年美国加入二战后才终止。我们要回顾当年是发生了些什么事，好知道今天需要处理些什么来避免新冠病毒对经济的祸害。

20世纪上半叶出现过两个多才多艺的经济学天才。一个是英国剑桥大学的凯恩斯（John M. Keynes，1883—1946），另一个是美国耶鲁大学的费雪（Irving Fisher，1867—1947）。我个人认为费雪是古往今来最杰出的经济学家，而凯恩斯在经济理论的基础掌握上是略显不足的。问题是，曾经赚过很多钱的费雪，遇到1929年的大萧条破了产——连住所也要大学提供。凯恩斯呢？他曾经近于破产，但谢世时却是大富。这项近于无聊的区别，促使后来不少经济学者为此重视凯恩斯而漠视费雪。无可置疑，凯恩斯与费雪多才多艺，经济学之外多方面皆有建树，令人拜服。

经济学诺奖得主、英国学者希克斯（John R. Hicks，1904—1989）曾向我解释，20世纪30年代的经济大萧条的主要成因，是举世推出保护性的贸易关税。另外，我的深交弗里德曼（Milton Friedman，1912—2006）虽然同意贸易关税增加了当年大萧条带来的祸害，但他支持费雪之见，认为货币政策上的严重失误是当年出现大萧条的主要原因。

综观上述，面对目前新冠病毒带来的经济困境，加上中国的经济已经转弱了一些时日，我在下面提出七项政策建议给北京的朋友考虑。

（一）切忌通缩出现。费雪提出的"负债通缩理论"（Debt-Deflation Theory）是重要的提点。目前中国的通胀率在4%—5%之间。弗里德曼认为通胀率在2%—5%之间对经济有利。我建议在目前的情况下，通胀的上限可提升到6%。这些日子北京央行的运作，尽管不少朋友认为过于复杂，有不少问题，我认为在物价指数的调控上他们是可以的。要记着，可以由央行调校的通胀其实只是物价上升，在适当时期可以适当地调低。这不会导致对经济为祸不浅的恶性通胀的预期。

（二）切忌外贸收缩。当多年前希克斯向我指出外贸收缩是30年代大萧条的主要成因时，我有点怀疑，后来跟蒙代尔（Robert A. Mundell，1932— ）研讨，再看资料，同意当年希克斯说的，外贸收缩对经济的祸害不在货币政策失误之下。

这里要说的重点，是外贸的国际量的或大或小，其主导权力今天是在中国。这是因为排除科技产品与名牌珍品，只从人民的日常用品看，

中国的市场约占地球的一半。比如中国提出互相零关税，没有哪个国家会不接受。我首选向英国作此建议，然后是欧洲的先进国家，然后是美国，再然后是日本、韩国、印度、越南等国家。这个次序的排列是基于工业的低层工资的高下，由高而下。选英国为先却是因为他们历来是近于零关税，用不着怎样洽商，跟着欧洲的其他先进之邦如果不接受他们的经济会出现灾难。

（三）顺势推出人民币。在推出相互零关税的同时，中国的进口商可以顺势把人民币推出国际。进口商可以要求对方用人民币或对方选择的货币议价。千万不要勉强。双方用不同货币议价意味着人民币汇率，可能与央行的官价汇率不同。央行不要干预。然而，各种货币的不同议价提供着关于汇率均衡点的讯息数据，央行可以据此调校他们的官价汇率。结算的银行由双方议定。这样处理，没有任何国家可以左右人民币推出国际，中国今天还存在的外汇管制因而可以先从贸易项目解除。这里我要澄清，我对目前还存在的中国外汇管制的细节，没有时间跟进，只是在直觉上认为零关税可以协助外汇管制的解除。

（四）不要胡乱管制市场。生产要素市场与产品市场是同一市场，不是两个不同的市场。马歇尔（Alfred Marshall，1842—1924）当年处理失误。这是为什么2007年我读到将要推出的新《劳动合同法》的九十八条细则后，多次提出反对。可惜皆如石沉大海。撤销此法，让劳资双方自由选择合约替代，中国的经济会立刻出现转机。

（五）中国的税制越来越复杂，加上没有清楚权利界定的社保，要一次性地清理：抄香港的可以——我不明白，为什么北京的朋友老是要抄欧美的东西？

（六）政府的投资要算清楚回报。2008年西方出现金融风暴，温家宝先生推出几万亿搞基建,效果不俗是因为一方面那些项目是早就计划要做的,而更重要的另一方面是带起了很多地区的发展。我不同意弗里德曼,认为政府不要参与市场可做的事项。我在《中国的经济制度》中解释过了:只要有清楚的权利界定,在某些条件下政府的操作可能比市场的交易费用更低,因而有更好的成果。这里的关键问题,是没有市场价格的指引,计算准确的回报很困难,何况利益团体的参与是近于无可避免的。

(七)从凯恩斯学说引申出来的争议,西方的经济学者得到一个肯定的结论:要振兴经济,政府花钱远不及减税有明确的效果。所以我认为如果中国的经济明显地恶化,北京的朋友不妨仿效乾隆皇帝,全国免税一年,或选择性地对中小型企业免税一年。

回头说新冠病毒,我要在这里肯定中国政府的处理。当这病毒出现后不久我这样说时,一些朋友以为我发神经。但今天他们见到人口只占中国四分之一的美国,这病毒祸及的人数却比中国高出十多倍,就认为我有先见之明。我是个学者,可以不说,可能说错,但不能说自己不相信的话。

不久前,九十六岁的政治外交大师基辛格(Henry A. Kissinger,1923—)撰文说,新冠病毒的出现与全球性的普及,将会改变世界的秩序。我同意这个观点,但不知道这秩序会改变成怎样。

第一编　百年未有之大变局

中国之变，世界之变

龙永图

毫无疑问，这次新冠肺炎疫情给全球经济带来了巨大的影响，但是这次疫情的影响到底有多大，我想就目前为止，再高明的经济学家，都很难作出准确的判断。这方面我们更应请教那些公共卫生和病毒领域专家对整个疫情作出判断。疫情何时结束，以什么样的方式结束，或者说像有些人讲的那样，我们是否将与病毒长期共存，这些对经济的影响是完全不一样的。两个月结束，三个月结束，或是长期共存，其影响的深度和广度都是难以预测的。总之一句话，从目前来看，对于疫情带来的经济影响，做出最后的判断还为时尚早，但不管影响怎样，这次新冠肺炎疫情仍然是世界经济发展历史中的一个插曲。

刻意缩小或者肆意夸大其带来的影响，都是有害的。但就我来看，

作者系中国入世首席谈判代表，原中国外经贸部副部长。

过于夸大，可能带来的害处会更大。习近平主席在分析这次疫情对中国经济影响的时候，指出这次突如其来的疫情对于中国经济所带来的巨大的挑战的同时，特别强调我国经济稳中向好，长期向好的基本趋势没有改变，因此我们必须坚定信心，保持定力。

我从国际贸易投资和全球链的角度谈一谈为什么在疫情之下依然要对中国经济有信心。我们还应该做出什么样的努力，才能强化这种信心。

关于国际贸易，新冠肺炎疫情突然切断了全球产业链和供应链，国际贸易出现了断崖式下跌，4月8日，世界贸易组织（WTO）做出预测，由于疫情的大流行，2020年世界商品经济将暴跌13%到32%，几乎所有地区的贸易额都会有两位数的下跌，其中亚洲和美洲，特别是北美洲的出口受影响更大。

在国际贸易大幅下挫的情况下，应该说对不同国家的影响程度也是不一样的，对一些国家的影响大一点，对一些国家的影响小一点。那么国际贸易的下挫影响程度主要是决定于以下几个因素。第一，这个国家是否拥有强大的制造业，也就是说国家的制造业是否有较为完整的门类，许多商品是否有完整和强劲的供应链和产业链，这是第一个条件。一个国家是否具有强大的制造业，对于它能否抵御国际贸易的大幅变动，具有很重要意义。在过去的几次重大的危机中，那些有强大制造业的国家都顶住了危机的冲击，相反，那些没有制造业，只靠商品出口或者大宗商品出口的国家，抵御能力、抗风险能力就很差。

第二，这个国家的市场到底有多广阔。如果这个国家的国内市场足够大，那么它就比较容易消化国际贸易带来的影响。第三，这个国家的投资长期以来在整个经济增长中到底发挥怎样的作用。

我记得前几年在博鳌亚洲论坛上，我和马来西亚的贸易部长曾经进行过一次对话，马来西亚的贸易部长说，1997年的亚洲金融危机对马来西亚造成了很大的冲击，因为他们的经济只靠棕榈油、天然橡胶等大宗产品的出口，没有什么制造业，所以他们最大的教训就是要强化马来西亚的制造业。

到2008年全球金融危机的时候，再次出现制造业比较强的国家抵御国际贸易的下挫能力也比较强的现象。大家知道在东盟国家中，新、马、泰、印尼和越南这五个国家占了整个东盟贸易的90%。在2008年全球金融危机后，出现了全球贸易的大幅下挫，经过几年，我们回头来看，新、马、泰和印尼，他们的国际贸易都出现了下滑，平均下滑13%，而只有一个国家，那就是越南，外贸不仅没有下降，还上升了8%，这就是因为越南有比较强大的制造业。所以从这些角度来看，我认为只要一个国家有强大的制造业，有完整的产业链，它就比较有能力抵御住国际贸易的大幅波动。所以，在国际贸易大幅波动的情况下，那些制造业强、国内市场大、投资拉动力强的国家，受影响比较小，而中国正好具有这些特点。

"外资撤离中国"的说法站不住脚　不符合市场规律

我国国内市场比较大，经济增长中投资的拉动作用比较明显，这就决定了中国在这次疫情之后受到的影响不会那么大。而且特别要强调的是在2008年全球金融危机后，我国顺应全球贸易发展的趋势，就贸易和国际投资的关系做了重要的调整。长期以来，国际贸易一直在经济全球化中发挥最重要的作用。过去几十年来，全球贸易始终是以

两倍以上的增速，以高于经济发展的增速成为全球化的主导力量。但是2008年全球金融危机后，国际贸易增速开始下降，2011年，国际贸易的增长速度和国际经济的增长速度持平，到了2015年，全球经济的增长速度达到3.1%，而全球国际贸易增长的速度才仅仅2.5%。在这样的情况下，全球经济的增长需要新的动力代替过去国际贸易长期以来所发挥的作用。那么，这就必须要强化科技和市场力量推动下的国际投资，即有效的国际投资，不仅国内经济如此，在国际经济发展方面也亦如此。

同时，基础设施的投资也越来越重要。"一带一路"倡议之所以在全世界，特别在新兴经济体中取得了相当大的支持，受到广泛欢迎，这也是主要的原因之一。前些天我看到"一带一路"框架下的中巴经济走廊已经开始恢复活动，这标志着巴基斯坦在抵抗疫情的斗争中，进入了一个新的阶段。对于中国来讲，今后投资主要集中在三大领域，第一是以5G、物联网、人工智能、工业互联网为代表的新型基础设施建设投资。第二是包括交通、能源、水利等在内的传统领域的投资。第三是农村的基础设施和公共服务设施的投资。我相信加强投资力度，向国际投资者发出积极的信号会令中国的投资在国际上产生强大的吸引力。认为外资将会从中国撤离的说法，我认为是站不住脚的。因为我不相信有企业会离开正在进入投资新阶段的中国这样一片投资热土。

因为离开中国这片投资热土，既不符合市场规律，又不符合投资者利益。因此我们可以看到在疫情之后，随着中国投资环境的进一步改善，随着新型基础设施建设等领域的投资越发活跃，中国将吸引更多的外资。这将是疫情之后中国对外开放的一个新的趋势。

疫情之下面临的重大挑战　就是如何巩固、补齐和创新产业链

这次疫情令全球的产业链、供应链遭到了重创，我们现在面临的重大挑战，就是如何巩固产业链，补齐产业链和创新产业链，针对这三方面，我们应该在以下几个领域做出贡献和努力。首先，要以我为主，加强在关键性全球产业链上的投资，提升我国在全球产业链中的地位。所谓关键性全球产业链，主要有这样几个特点。第一，国际分工和融合最为紧密。第二，在该领域中，科学技术发展得最快，市场扩张得最快。当然问题也最为集中。第三，该领域在国际上的竞争最为激烈。

我想举一个例子，包括电脑、手机在内的电器和电子设备产业链，作为重要的国际产业链，中国在过去几十年内对其加大了投资力度，使这个产业链在国内有了很大的发展，核心就是投资需求不断增强。2005年，在全球产业链中，美国的投资需求占到了37%，可以说是绝对的霸主地位。但是经过了10年，到了2015年的时候，中国在这一产业链中的投资需求已经占到全球投资需求的36%，而美国下降到16%。这使中国在全球电子电器设备产业链当中逐渐占有重要的地位，并开始具有一定的主导权。今后我们应加强这一类全球产业链的投资，充分满足投资需求，以稳定和巩固我国在关键产业链中的地位。特别是加强科技创新，使我们在价值链方面也取得更高的地位。

其次，我们要以我为主，加快我国企业走出去的步伐，特别是在"一带一路"框架之下，通过在国外建立工业园区、建立经济走廊、投资制造业项目，进一步创新产业链，这些产业链环节可能成为补齐我国全球产业链的重要力量。

再次，我们要加强对外开放，融入国际。这次疫情之后，国际大企业会重新布局产业链，中国要以格外开放的姿态融入新产业链的布局中。一方面，我们要在国内积极吸引外资在中国布局产业链。另一方面，我们可以通过在国外兼并、收购、和国外进行合资项目，使我们的产业融入全球产业链新布局去，这对我们来讲具有重要的意义。

疫情不会使全球化"终结" 发展方向和目标将取得更多共识

在此次疫情后，国际贸易投资和产业链都会发生重大变化，这势必对全球化造成重大影响。不少人由于全球产业链和供应链的受挫，由于国际贸易的大幅下滑，对全球化失去了信心，认为疫情使全球化终结了。其实我并不是这样看的，我相信很多全球有识之士包括美国一些人，也不会这样看的。我记得特朗普还讲过一句话，他说全球化在某种意义上就是"去美国化"，因为美国在全球化中一直起主导地位。

美国是全球化最大的受益者，所以去全球化在某种意义上更多的是"去美国化"。当然，中国也是全球化的重要参与者，所以有人开始谈"去全球化"也有"去中国化"的说法。对此，我们要保持高度的警惕。与其说全球化终止了，不如说全球化正发生重大的变化，它从过去以实现经济增长为目标的全球化，转向以实现人的幸福为主要目标的新型全球化。

这种改变对于全球化来讲也有一些好的消息。据世界气象组织的预测，这次疫情将会使2020年全球二氧化碳的排放下降6%，这将是第二次世界大战以来全球二氧化碳下降得最多的一个年份。我还很高兴地看到，这几个月来，中国300多个城市的空气质量都有明显改善，PM2.5浓度同比下降15%。还有报道说连意大利最有名的景区威尼斯水城的水都比过去清亮得多了。这些都是好消息，说明由于这次疫情，很多国家的政府，很多的有识之士都在思考我们发展经济到底是为了什么，全球化应该走向一个怎样的方向。

我坚信虽然这次疫情对经济全球化造成了巨大的破坏，但是全球化发展的方向、目标可能会取得更多的共识。一个新的以人为中心的全球化，一定会逐渐取代一个以经济增长为目标的全球化，一个新的重视民生、重视绿色发展、重视人的幸福和健康的新全球化，会加快到来，历史将证明人类在经历一场大的灾难以后，会取得重大的进步。

举国体制与传染病大流行

曾 光

目前全世界最大的事就是从2020年年初开始，更早是从2019年12月下旬开始的新冠肺炎疫情的流行，在此期间，中国发生了翻天覆地的变化，世界也发生了翻天覆地的变化。大家都知道，这场疫情首先在中国流行，中国成为世界关注的焦点，也成为世界卫生组织关注的焦点，甚至有些人对中国有一些讽刺、挖苦和不理解，还有些人认为中国"封城"建议是违反人权的。

但是情况突然发生了变化，中国成功地控制了疫情，而曾经看热闹的国家，特别是欧美国家，疫情如火如荼。到现在为止，全世界已有三百多万病例，最严重的恰恰是欧洲和美国。

实际上，过去中国的公共卫生在世界上并不是很先进，我们都向欧

作者系国家卫健委高级别专家组成员，中国疾控中心流行病学首席科学家。

美学习，特别是向美国学习。早在1985年到1986年期间，我有幸做访问学者，到美国疾病预防控制中心学习公共卫生，那时候觉得中美差距非常大。

到现在，我认为中美公共卫生的差距还是非常大，可以说美国一直是引导者。最早到中国帮助我们开展现场流行病学培训项目的美国专家是我请来的，他和其他的美国专家与我一起工作了十几年，他们的办公室就在我办公室的对门，2019年9月他们才撤走。

于是，我们提出一个问题。为什么中国作为学生，公共卫生基础又远不如美国，在首先暴发疫情的情况下，却能很快控制疫情？为什么作为我们公共卫生的老师——美国疫情控制得一塌糊涂？这个问题不要说别人，就连我这个非常了解美国的人事先都没有想到。

美国以举国体制来应对传染病大流行，是一百年以来的第一次。上一次传染病流行是1918—1919年，即西班牙流感流行。此后发生的传染病流行公共卫生事件，都来得没有这么急，规模也没有这么大。总而言之，通过卫生系统就控制了，不需要政府走到前台，也不需要举国应对。

但是中国情况就不一样，我们是17年以来的第三次，有经验了。第一次是2003年的SARS。SARS也是在我国首先发现，从广东流行到北京，也到了国外，涉及三十多个国家。我们的经验何在呢？关键是中国迅速意识到了问题的严重性，不能光靠卫生系统来解决问题，政府要走到前台。对政府来说，选择正确的抗疫道路非常重要，当时中国的政治家虚心听取公共卫生专家的意见。SARS在广东流行的时候，我是卫生部和广东省联合调查组流行病学组的组长，钟南山是临床组的组长，我们一起工作，那时我们经常见到省委书记、省长，并随时向他们反馈专家意见。

到了北京后，我又成了首都传染性非典型肺炎联防联控联合指挥部的顾问。北京是属地管理，由北京市委、市政府牵头，中央各部委都参加，我被聘请为顾问，参加相关会议并提出对策建议，后来有幸在2003年4月28日受卫生部派遣，前去中南海给中央政治局做关于传染性非典型肺炎科学防治主题的讲座，实际是讲公共卫生防治的对策。

中国控制SARS的流行，靠的是科学。一把钥匙开一把锁，能够开这把锁的首先是公共卫生，是采取隔离措施，把病人集中收治，将密切接触者集中隔离。这样的措施，很快被决策者采纳了。那时我们开展的联防联控机制本身就是个发明，各单位都要参加。首都SARS联合防治指挥部除了北京市委、市政府的主要领导以外，像卫生部、教育部、财政部、科技部、农业部、中宣部等领导全都集中在一起开会。遇见问题当时决策，第二天就检查。

第二次是2009年甲流的流行。甲流流行起源于美国和墨西哥，但是美国把它当成一种流感没有设防，也没有采取措施防止疫情从美国输出。当时世界卫生组织领导各国不断升级防疫级别，中国都有响应。中国打了很艰苦的防疫战，从口岸开始堵截，到进内地后及时发现及时控制，苦战了三个月，研制出疫苗后才放缓。

这次新冠肺炎疫情是第三次，有前两次的前车之鉴，所以这次有经验了。打甲流那一仗的时候，跟我一起工作的美国专家还笑话我们，不就是流感吗，用不着这么防，美国没防也没出大事。

这次他们同样是这样的认识，一开始把新冠病毒当成大的流感，不采取积极的防控措施，没有认真做好准备。

从SARS开始到甲流，中国都是采取人道主义措施，只要是中华人民共和国的公民，无论穷富，无论城市和农村，一律免费检测、免费治疗、免费进行医学观察。可是在美国就没有这样的体制，一开始检测试剂出不来，耽误了时间。真正开始检测时，又要付费，穷人付不起。之后可以医疗保险报销了，但只报销一部分，且美国有2800万人没有医疗保险。所以这些是它的社会问题。另外，防治对策上美国也出了问题，中国继承过去SARS和甲流防控的传统，既要防病治病又要防止病毒传播，可是美欧很长时间只管看病，不管病毒传播。中国对每一例病人都做流行病学调查，找到密切接触者并严格控制。

相比之下，美国很多轻症病人，甚至相当一部分重症病人都没得到及时治疗，加上美国封城禁足提得晚，提完以后老百姓响应得也没中国这么好。美国最高领导人不会迅速、虚心采纳专家的意见，好像总统什么都懂，可实际上很多事他确实是外行。

2020年1月3日，国家疾控中心的高福主任就向世界卫生组织通报了疫情，1月4日向美国CDC主任通报了疫情。因为中美两国有公共卫生合作关系，所以美国知道得很早。说中国瞒报疫情，我觉得美国确实应该问问良心，问问自己够不够绅士。

现在大家很关心的问题就是疫情什么时候结束，因为疫情对世界经济的影响太大了。但疫情何时结束，以我的观点来看，不取决于中国，甚至也不取决于美国和欧洲，而是取决于世界上最不发达的国家，即预防控制最差的国家。如果中国疫情流行的高峰作为第一波，欧美作为第二波，那么最不发达国家的第三波才刚刚开始。只要有一个国家控制不好，全世界都不得安宁，都要接种疫苗。

但是主要国家疫情平息还需要较长时间，欧美国家不会突然就能控制住疫情，即使欧洲的疫情在下降，也是在高平台上下降。群体免疫理论是指防不了病毒，就干脆让病毒感染，希望只感染年轻人，年轻人都

感染后，差不多人口的50%、60%以上都感染了，病毒就流行不起来了，老年人也就保护下来了。其实这种观点是绝对错误的。首先，他们不了解传染病流行的历史，过去的传染病包括天花、麻疹、百日咳、白喉、流脑等，在没有疫苗以前，流行了那么多年，都是想群体免疫，但全世界没有一个国家真正通过群体免疫就控制住传染病。

其次，群体免疫的计算有问题。他们把全世界的人口当作均匀分布，实际上全世界的人口是不均匀的，世界分成那么多国家，每个国家又分成那么多不同的单位，人与人之间互相接触的机会也不一样。即便病毒流行，也有流行到的地方和流行不到的地方，传染源总存在，总是不断出现暴发流行。历史上的传染病连续上千年流行不断，没有一个因为群体免疫控制住，新冠肺炎疫情也不会例外。

所以我认为，有效控制疾病取决于疫苗研制的速度。全世界易感人群接种疫苗后会迅速控制疫情，这需要全球一盘棋。比如美国和中国在疫苗研制中暂时领先，还有很多欧洲国家甚至跨国公司都在花大气力研制疫苗，疫苗研制出来后除了满足疫苗研制国家的需求外，还要满足全世界的需求。疫苗的需求量非常大，以中国为例，每年出生的儿童是1500万，国家的计划免疫实际上是每年给这1500万的儿童接种，而现在易感者是全中国14亿人，几乎相当于计划免疫的100倍了。

给这么大人群生产安全、有效的疫苗，并且都要接种好，绝非易事。全世界70多亿人，包括处于战乱的国家，都要接种到更不容易。所以如果没有一个和平、安定的世界环境，没有协作的机制，不能充分发挥世界卫生组织协调和引领的作用的话，这些愿望很难实现。所以，我判断这个仗会相当长，可能要做好新冠病毒长期和人类共存的心理准备。有了疫苗，控制住疫情后，新生儿童还是易感者，那么就像现在其他疫苗接种一样，成年人全都接种过疫苗，每年就只给新生儿接种，即将新冠病毒纳入我们的计划免疫，这样全世界就不再怕了。

世界经济的恢复要加速，但加速的同时也要慎重。现在很多国家，确实要提醒他们复工复产需慎重，疫情再反复的风险很大。即使在欧美这样的国家，绝大多数人群还是易感者，病毒还在传播。

如果疫苗研制成功，不论是哪个国家先研制成功，都是人类的福音。各个国家应该合作起来而不是对抗，特别现在不应该"甩锅"，应该客观地看到自身防控出现的失误。通过这次防控，也给欧美国家上了一课。如果再来一次这样的大流行，他们的表现一定会有很大进步。

这里我要强调一点，中国防控胜利了千万不要有一种误会，认为中国公共卫生的基础很好，实际上不是的。这段时间中国公共卫生正处于比较困难的时刻，SARS流行的时候，一开始公共防控混乱就和公共卫生处于困难时期有关系。

长期以来我们总说预防为主，为什么总宣传预防为主，实际上在很多地方没有做到预防为主，所以才经常宣传。有些地方做得不错，比如计划免疫工作，但是整体的公共卫生体制凝聚力不够，很多骨干人才都在离开这个队伍，选择更适合他们的地方。特别严重的是现在国家公共卫生学院，特别是一流的公共卫生学院，比如北大公共卫生学院、复旦公共卫生学院、协和公共卫生学院，毕业生到疾控系统工作的人不到2%。而我们的系统最需要这些高智商、知识面比较广的人，需要他们不断学习医学知识、公共卫生知识，还需要他们有社会医学知识、法学知识，有满腔热情和奉献的精神，有和决策者打交道的勇气和智慧，以及动员群众的能力，这样的人才现在确实是不可多得了。

如果公共卫生系统不加强、不重视，可能还要遇到更大的麻烦。所

以，从现在开始我们就需要注意这个问题，过去有人错误地认为公共卫生问题可以在医改中解决，实际上是不了解公共卫生。什么是公共卫生？这次新冠病毒防控给大家展示了公共卫生的观念，公共卫生一定是捍卫和促进公共健康的事业。

为什么武汉要"封城"呢？高级别专家组是2020年1月18号到的武汉，1月19日研判疫情。我曾主管全国传染病疫情监测17年，鉴于1967年大串联诱发全国流脑大流行的教训，我强烈意识到，那时候武汉的病人据统计不到300人，但是如果经历春运，500万人离开武汉，情况会非常危急。1月20日上午见到国务院主管领导以后，立刻报告。当天晚上面向记者发言时，我代表专家组呼吁武汉人不要出城，外地人不要进城。党中央英明决策，1月23日武汉就"封城"了，而且是果断的措施。这个"封城"惨烈在没有预案、没有准备，湖北省和武汉市的党政领导没有准备、社会生活没有准备，造成了很多麻烦。但是没办法，如果晚几天封城，中国可能会出现好几个武汉，世界的形势会比现在糟糕得多，所以很多苦难都由武汉人承担了。应该向武汉人民致敬，向一切援助武汉的人致敬，武汉"封城"成了中国疫情真正的拐点、转折点。

中国公共卫生确实是说来话长，过去有一句话叫财神跟着瘟神走，公共卫生过去一贯是这样的。没有传染病流行了，公共卫生就会低落，重视的人很少。因为公共卫生问题不是政府首长们经常想到的问题，只有传染病流行了，他才会想到。SARS以后国家确实是很重视公共卫生建设，那时候给各级卫生疾控系统都盖楼买了设备，对急救中心也进行了建设。但是以后的很长时间，特别是过去医改的10年，实际上是公共卫生滑坡的10年。尽管滑坡、从事公共卫生的人待遇很低，但是在新冠肺炎疫情防控中我们做出了巨大贡献，不足的是这个贡献被报道得很少。

我提几个问题：是谁揭示了这个疾病的自然史、呼吸道传播？是谁提出的要戴口罩、要洗手？是谁发现潜伏期具有传染性？是谁调查了最常见的潜伏期是14天，并且成为国际标准？这都是搞公共卫生的人提出的。是谁做的流调，发现每一例密切接触者，把他们都集中医学观察，使他们不再传播？我觉得这些公共卫生研究员起的作用相当大，钟南山院士有一句话说得好，"和临床相比，公共卫生地位低"，我觉得是这样的。在卫健委所表彰的人数有限的疾控系统的人里，我培养的学生占了将近四分之一。

　　我希望社会上要像关心临床医生一样关心公共卫生，尊重公共卫生的贡献，了解公共卫生都在做什么，特别希望在新冠肺炎疫情得到控制以后，中国能开展公共卫生改革，巩固公共卫生的队伍，把中国公共卫生队伍真正建设成一支捍卫中国公共卫生安全的能够战斗的队伍。

国际产业链和供应链的新调整

朱光耀

　　当前，肆虐全球的新冠肺炎疫情已经引发了自"二战"以来前所未有的一场全球性的系统性危机，它是继1918年全球大流感夺走5000多万人生命之后又一次严重的全球公共卫生危机，是一场对全球经济破坏程度超过2008年金融危机的全球经济危机，也是一场对世界和平与发展事业造成冲击的全球治理危机。可以肯定的是，人类最终一定能够战胜新冠肺炎疫情，全球和平发展的时代主题不会因为新冠肺炎疫情而改变。

　　当务之急，世界各国要加强沟通协调、团结协作，战胜新冠肺炎疫情引发的巨大的不确定性，这种不确定性突出表现在以下四个方面：一是疫情演变的不确定；二是疫情对全球经济冲击程度的不确定；三是全

作者系财政部原副部长。

球产业链、供应链稳定性的不确定；四是新冠肺炎疫情对全球政治秩序和治理体系的冲击的不确定。

一、新冠肺炎疫情演变的不确定

截至2020年5月，蔓延全球的新冠肺炎疫情已经对300多万人的身体健康造成了严重伤害，夺走了21万多人的宝贵生命。新冠病毒是人类的共同敌人，目前在欧美疫情有所缓和的情况下，世界卫生组织提醒世界要关注疫情在非洲、南美洲和印度的蔓延情况，也要警惕在2020年的冬季第二波疫情会卷土重来。人民至上、生命至上，世界所有国家应该为了这一目标共同努力，战胜新冠肺炎疫情。

二、新冠肺炎疫情对全球经济冲击程度的不确定

新冠肺炎疫情对全球经济已经造成了重大的冲击，形成了一场严重的经济危机。国际货币基金组织预测，2020年全球经济增速为−4.9%，这要比2008年9月15日雷曼兄弟公司破产导致全球金融危机爆发后2009年全球经济−0.1%的增长要严重得多，可以说这场疫情对世界经济的冲击还在继续。

联合国贸发组织预测，2020年全球的直接投资将下降30%—40%，这也比2009年全球直接投资下降35%的数字要高。世界贸易组织预测，2020年全球的贸易要下降13%—32%，这是一个什么样的概念呢？2009年全球贸易下降12%，这说明即使按照我们比较乐观的估计，2020年的全球贸易增长的下降幅度也要超过2009年。

在20世纪20年代末到30年代初，1933年全球贸易的情况因为全球大萧条的关系下降30%，挑战非常严峻。有人说，目前新冠肺炎疫情的冲击是对供给端和需求端同时的冲击，但是它还没有对金融机构的稳定性产生颠覆性的影响。需要警示的是，从表象上看，金融危机的特点是资产价格的急剧下跌；从实质上分析，是违约贷款的剧烈增加；从危机的后果看，是金融机构的不断破产。

从3月9日到3月18日十天的时间内，美国的股票市场四次熔断引起了全球资本市场的剧烈下跌。尽管目前情况有所缓和、趋稳，但是3月9日开始的全球石油价格的剧烈下跌还在曲折中继续；石油价格的猛烈下跌造成了美国页岩气生产商损失的急剧增加，目前他们是靠美国政府的救济资金和美联储的贷款来支撑，一旦泡沫完全崩溃，这种违约贷款的剧烈增加将对美国的金融体系形成巨大的冲击，从而引发全球市场的新一轮剧烈震荡。

在新兴市场方面我们也注意到，近三个月来有一千多亿美元资金流出，这要比全球金融危机时候同期资金从新兴市场国家流出的额度多了4倍。目前，阿根廷已经向国际货币基金组织和私募债权人提出了债务重组的要求。我们可以看出，无论是在发达国家还是在新兴市场国家，金融压力还在继续增加。3月26日，G20领导人举行至关重要的视频会议，达成了重要的共识，动用5万亿美元的财政和金融资金来应对新冠肺炎疫情的挑战。这个数据是基于当时各个国际经济组织的建议，也是各国做出的一个客观判断。5万亿美元的应对资金是个庞大的规模，但是一个多月以后，我们发现，情况还在演变、形势还在恶化，迄今为止，仅美国一个国家就已经动用了9万亿美元的资金支持，其中包括3万亿美元的财政援助资金，2万亿美元的美国联邦储备银行资产负债表的增加。

3月初的美联储资产负债表是4.26万亿美元，5月美联储的资产负债表已经超过了6.6万亿美元。市场普遍预计，在2020年年底之前，美联储的资产负债表将达到9万亿美元的规模。另外，美联储还动用了4万亿美元的资金，向美国企业提供贷款支持。在非常时期，确实需要采取非常的政策措施，在这个过程中，财政政策和货币政策的配合、协调，包括创新性的协调就变得至关重要。美联储向美国没有抵押资产的中小企业提供资金支持，包括购买这些企业的债券，它的一个前提就是美国财政部要对它提供相应的担保。美国财政部要担保的金额是损失率的10%，所以无论在任何一个国家，在这种特殊挑战之下，宏观经济政策都要创新、都要有突破，而且这种合作、协调就变得至关重要。

形势还在发展，在这种情况下，主要经济体的协调、合作就变得至关重要。我们希望在G20的框架下，世界主要国家能够同心协力、同舟共济，真正形成政策合力，来应对新冠肺炎疫情对世界经济的严重冲击。

三、全球产业链、供应链稳定性的不确定

当今世界的产业链和供应链是随着经济全球化的进展，经过跨国公司的多年努力而形成的，它的前提是比较利益，分工形式是跨国合作，目标是效率、是盈利。这个产业链和供应链的形成充分地反映了资源禀赋、劳动力素质、市场资源条件，也体现了它的投资回报率和相关国家的营商环境水平，它是多年努力实践的结果，为世界经济近年来的强劲有力发展提供了重要支撑。

在新冠肺炎疫情的冲击下，一些人对当今世界的产业链和供应链提出质疑，提出要"回归本国"，这绝不是一朝一夕的事情，也必须听取各

国企业家特别是跨国公司的意见。与此同时，我们也要警惕和注意，在新冠肺炎疫情的冲击之下，国际产业链和供应链可能出现的调整，主要有四个方面：

一是安全性的考虑。跨国公司会更加强调和注意产业链的集中程度，而尽可能地减少产业链和供应链的复杂性，因为它要确保整个产业链、供应链的安全运作，特别是在特殊情况下的安全运作。

二是一些政策性的因素对产业链和供应链的影响，包括美国提出让医药制造业回归美国，这同整个美国制造业回归美国的要求实际上是一致的，美国制造业回归谈了多年，当前美国医药制造业的回归确实存在疫情冲击下的特殊性，但是它同样也具有资源配置和市场需求等多方面的制约条件，包括原材料的供应，并不是一朝一夕就能完成的。

三是在新冠肺炎疫情冲击下，产业链、供应链的区域化调整可能要向前推进得更快。因为区域国家之间距离相近，一些制度、规则、标准也相近，更容易相互融合，所以这种区域化产业链、供应链的调整，可能是新冠肺炎疫情之后出现的一个新变化。

四是数字经济对产业链、供应链的影响，主要体现在产业的数字化方面，在这方面中国有着特殊的优势，我们有着最为便捷的基础设施带来的巨大物流，我们有着覆盖最为广泛的基站所产生的巨大信息流，我们有着最便捷的电子支付体系所产生的巨大数据流，这些都是数字经济发展的前提条件，我们应该更加有效地运用数字经济在产业链和供应链中的发展。

总之，产业链和供应链的稳定关系到世界各个国家的利益，我们应该加强政策沟通与协调，来保证全球供应链和产业链的稳定，这是各国共同利益所在。

四、新冠肺炎疫情对全球政治秩序和治理体系的冲击的不确定

全球的治理体系和秩序，是以联合国为中心，以联合国章程为宗旨，以国际货币基金组织、世界银行和世界贸易组织为支柱的。世界卫生组织作为联合国的专门机构，担负着协调各国卫生政策和监督相关政策执行的重要责任，在应对新冠肺炎疫情的过程中，世界卫生组织发挥了巨大的作用。但是，我们必须指出，在这个关键时刻，美国对世界卫生组织无端的指责甚至停止对世界卫生组织的资金支持，这是对全球合作抗击新冠肺炎疫情的重大冲击。

新冠肺炎疫情是全球各国人民的共同敌人，它不分国界、不分种族、不分政治和态度，无一例外地进行冲击，冲击我们的身体健康，冲击我们的经济和发展利益。在这种挑战之下，我们必须要加强合作、共克时艰。我想在这场特殊的战斗中，各国加强合作、彼此之间加强信任是非常重要的。我建议，要少一点傲慢与偏见，多一点相互尊重；少一点无端的猜疑，多一点相互的理解；少一些凭空的指责，多一些共同的行动；我们团结一致，战胜新冠肺炎疫情。我想在战胜新冠肺炎疫情之后，全球的经济一定能够继续强劲地向前发展，全球的治理体系也能够更好地发挥作用。

新冠肺炎疫情引发的对可持续发展的思考

马蔚华

一、瘟疫与人类社会发展的关系

瘟疫和人类社会共生发展。瘟疫不是历史变迁的动力，但是，瘟疫影响着人类的变迁、民族的兴衰、社会的枯荣、文化的起落、宗教的盛灭乃至世界的格局。历史上，对人类的发展影响最深远的有三场瘟疫：13世纪开始在中国反复暴发的鼠疫；14世纪从欧洲开始暴发的黑死病；以及16世纪在美洲暴发的天花。

曹树基、李玉尚在《鼠疫：战争与和平——中国的环境与社会变迁（1230—1960）》一书中指出，鼠疫是近700年中国历史中人口大量死亡的主要原因。在金、元之际，中国南北方人口损失了将近3670万，其中

作者系联合国可持续发展影响力目标指导委员会成员，招商银行原行长。

约有70%死于鼠疫，超过当时人口的六分之一。

14世纪，黑死病席卷欧洲、波及世界。从热那亚人把黑死病带到马赛开始，之后三四年的时间，整个欧洲四分之一到三分之一的欧洲人失去了生命，全世界死于黑死病的超过2500万人。这场瘟疫大流行，促进了欧洲的社会变革。第一，黑死病动摇了宗教的权威。神职人员宣称黑死病是上帝对罪人的处罚，但后来神职人员也因染病去世。第二，旷日持久的疫情也使人们转向寻求预防与治疗，医学和公共卫生的认识开始萌生和发展。第三，黑死病造成人口锐减，为了弥补劳动力的不足，需要发展提高生产力的技术，刺激了人们的创造和创新，埋下了科学的种子。

所以，瘟疫带给社会苦难，而社会因为瘟疫重新洗牌，寻求新的平衡。16世纪在美洲暴发的天花帮助欧洲殖民者征服了美洲。达成共识的是，天花使阿兹特克帝国近2000万的人口锐减到160余万。欧洲人对美洲的"鸠占鹊巢"，对资本主义的发展起到重要作用。第一，资本主义的发展需要解决土地的问题，新大陆的开辟带来了土地；第二，资源丰富的美洲成了欧洲工业品的原料基地，比如棉花、蔗糖；第三，美洲土著印第安人的大量死亡，使殖民者开始了贩卖黑奴的行为以补充廉价劳动力。

历史上的这三场大瘟疫都印证了瘟疫对历史演变的重要作用，反观之，人类社会的发展也影响了瘟疫的范围、频率与特征。有三个全球性的历史事件标志了瘟疫流行史的重要转折点：进入新石器时代、发现美洲和工业革命。

第一个转折点是新石器时代。在狩猎、采集时代，人类都是以机动的小群体为单位，疾病难以在人群中传播。但是到了新石器时代，特别

是农业和畜牧业的出现和发展，使得人的生产和居住越来越集中，人们在生活中越发频繁地接触动物。这促使瘟疫在人群中、动物间以及人与动物间传播和变异。

第二个转折点是发现美洲。欧洲人殖民美洲时，把天花带给了与世隔绝的印第安人。当地人对来自欧亚大陆的瘟疫毫无抵抗力，而殖民者回到欧洲后，又把梅毒等疾病带到了欧洲。因此，殖民主义、资本主义的发展把瘟疫流行的范围扩大到了全世界。

第三个转折点是工业革命。工业革命在带来文明进步的同时，也使人和自然的关系发生变化，世界级的大范围瘟疫开始频繁暴发，包括1947年的埃及霍乱、1957年的亚洲流感、1968年的香港流感等。进入21世纪以后，瘟疫出现了更广泛的全球化流行的趋势，尤其是2003年暴发的SARS和2009年暴发的H1N1。

现今在全球蔓延的新冠肺炎疫情，未来发展还难以确定，但是它确实是"二战"后人类社会面临的最大挑战。一方面，瘟疫会影响并改变历史；另一方面，人类经济和社会的发展，使瘟疫越来越广泛地流行、频繁地发生。

二、为什么瘟疫发生频率越来越高？

工业革命后，瘟疫在全球暴发得越来越频繁。世界卫生组织记录，过去80年中20多次跨国界的重大疫情，60%发生在21世纪，而其中8次发生在最近十年，包括2012年的中东呼吸综合征、2014年的埃博拉、2016年的H7N7、2017年的疟疾、2019年的非洲猪瘟和眼前的新冠疫情。

WHO的报告和一些学术研究揭示了与近十年疫情频发的一个重要关联——气候变暖。1906年到2005年这100年的时间，全球地表的平均温度升高了0.74摄氏度。根据美国戈达德太空研究所的数据，2019年的全球平均气温比80年前的1939年上升了1摄氏度。数据显示，最近这一百年是过去一千年中最暖的，而最近的十年是过去一百年中最热的。2020年2月7日，联合国发布消息，2月6日中午在南极北部的观测站测量南极的气温为18.3摄氏度，这是南极有记录以来的最高气温。

根据目前的研究，气候变暖与瘟疫暴发之间至少有以下四项关联，类似情况不仅损害了生物多样性，也增加了人类成为病毒宿主的可能性。第一，全球气候变暖扩大了动物迁徙的范围和频率。以去年澳大利亚山火为例，大量的动物被烧死，劫后余生的动物大范围迁徙。有媒体报道，存活下来的蝙蝠成群结队地飞到城镇里，扩大了动物传播病毒的可能性。第二，全球变暖给某些喜暖的病菌、病毒提供了更加适宜它们生长的环境。第三，某些病毒在全球变暖的情况下可能对人类的致病性更高，如霍乱弧菌。第四，全球变暖也使南极、北极的冻土逐渐复苏，其中封存了两万年或更久的病毒、病菌会重见天日。

三、气候变暖的背后——地球病了

气候变暖的主要原因是温室气体排放的剧增。温室气体本存在于自然界中，可以阻挡太阳光反射回太空，使地球的温度更适合生物的居住。但是，在经历了150多年工业化大潮后，大气中温室气体的含量增长到一个300万年前所未有的水平。人类的城市化、土地过度开发利用、无

节制使用化石能源、传统工业生产等破坏自然、砍伐树木的行为等，都使得温室气体的排放量剧增。

环顾全球，气候变暖带来的危机不仅是瘟疫。从燃烧了221天的澳大利亚大火，到肆虐亚非的蝗虫、非洲猪瘟等，都与气候变暖有着千丝万缕的关联。此外，除了气候变暖，水资源短缺、公共卫生不良、食物不足等，都是人类不能逃避的挑战。世界卫生组织在2019年披露的数据显示，全球有22亿人没有安全用水，有超过17亿人生活在用水量超过回补量的河水流域，每年有30万5岁以下的儿童因为饮用了污染的水而得上了霍乱、痢疾、甲肝等疾病而去世。地球难以承受这巨大负担，她"生病了"。

导致地球生病的根源，是我们粗放的发展模式。它不仅带来了这些危机，还导致了贫困陷阱和教育缺失等问题，使其难以被解决。根据联合国披露的数据，在全球的104个发展中国家中，有12亿人口日均收入不足1.25美元。而这些贫困人口，大部分在两个地区：南亚和非洲的撒哈拉沙漠以南，这些地方的赤贫人口占全球的70%。自然环境恶劣和灾害频发，导致贫困不能得到根本解决，而贫困导致他们对自然资源的掠夺性开发，加剧了周边环境的脆弱性，形成了恶性循环。

人类粗放的发展模式如同竭泽而渔，不仅使气候变暖、瘟疫频发，而且使更多人生活在苦难中。这一次全球性的疫情发生可以给人类很多启发。人类受到的挑战，每一个人将感同身受。今天我们怀着沉痛的心情去悼念那些牺牲的白衣天使和无辜染病的逝者，我们也应该多一份理性的思考。我们要找到这个疾病频发的深层原因，我们要寻找治疗这个地球的药方。

四、为救治地球人类所做的努力

早在16世纪，有投资人出于道德宗教的考虑拒绝从事涉及战争、人权侵犯、酗酒等投资活动，出现了道德投资。但是在这之后几百年，这些筛选原则仅限于教徒和宗教组织反对的有限的行业，并没有产生广泛的影响。

20世纪60年代，随着人权运动、南非的种族隔离、越战等事件爆发，在金融界出现了"责任投资""底线投资""使命投资"的概念。投资人想通过排除掠夺式发展的公司的投资行为，来表达价值诉求。20世纪90年代，企业社会责任的概念传入中国，招商银行联合了一些国内的企业，包括TCL，还有一些跨国公司，包括思科、IBM，组成中国社会责任同盟，推动企业社会责任在中国的发展。

联合国在2004年提出了责任投资的升级——ESG投资，ESG投资理念涉及社会、环境、治理三方面。ESG投资比较关注在旧的发展模式中选择比较好的公司，但若公司发展过程中真出了问题，投资人一般是事后治理，无法从根本上解决问题。根据GSIA的统计，ESG投资在2018年突破了17万亿美元，应该是一个巨大的体量。但放眼全球，气候变暖还仍在继续，甚至在加快，而贫富差距也日趋严重。所以，我们关心的这些问题没有得到有效的解决。

为了解决责任投资、ESG投资等被动避免公司的不良表现的问题，在2007年，国际上提出了"影响力投资"的概念。他们希望通过投资主动促进公司改变，带来正面的社会和环境效益，解决社会和环境问题。影响力投资领域的重要机构GIIN，将影响力投资定义为"旨在产生积极

且可度量的社会与环境影响力，并同时带来财务回报的投资"。影响力投资问世以后，得到了市场和社会的认同，其市场规模快速增长。GIIN在2019年年初的报告中估算影响力投资市场规模约5020亿美元。

其实，影响力投资是与"可持续发展"最为契合的投资理念。责任投资、ESG投资等理念，更关注在旧有发展模式中，选择表现较好的公司；而影响力投资强调，重视经济收益和社会及环境效益的一体性，在一系列发展理念、模式、战略和实践中，综合考虑经济、社会和环境影响，而且持续如此。而可持续发展，则是强调在每一个发展决策中，超越以往只考虑经济增长的单维模式，综合考虑每项活动对经济、社会和环境的影响。这种新的视角，要求我们不是等到出了问题再来解决，比如，出现了污染再来整治，出现了贫富差距再来扶贫，等到疫情已经发生了再来捐款，而是在一开始便进行综合的考量，避免问题的出现。因此，影响力投资和可持续发展的投资理念，应该是我们改变传统的模式，治理地球病最好的药方。

全球的疫情、全球经济和全人类的命运

郭广昌

一、不要让少数的1%误导了历史方向

2020年是被新冠肺炎疫情打乱生活、打乱节奏的一年。

我看到这两天的数据显示，全球只有三个国家零确诊，分别是朝鲜、土库曼斯坦和非洲的莱索托。

所以当我们提到这次疫情，以及疫情所带来的对经济、社会的影响和冲击的时候，我今天用了一个挺大的题目：全球的疫情、全球经济和全人类的命运。我想与所有的专家学者、政治家、企业家们来分享这样一个议题。

最近我看了一本书，《1918年之疫：被流感改变的世界》。很多人都

作者系复星国际董事长。

在担心，这个世界到底会怎么样？我相信，我们不会是再一次的1918年。

原因很简单，这一百年来，我们的科技创新取得了巨大的进步，让我们能更好地应对疫情带来的危机。

为什么这一百年来的人类的科技进步能够超过过去的5000年？我觉得很重要的一点就是全球化的加速。

原来文化与文化之间的交流很少，我们很难集聚人类共同的智慧，但在过去的一百年里，人类之间的交流与合作越来越紧密，特别是80年代以后，我们已经发展为一个地球村，又加上互联网的技术，让我们真正实现了信息的高度透明，所以有更多的有智慧的人可以站在巨人的肩膀上，不断推动人类文明的进步。

我们也要深刻地认识到，为什么我们会遇到新冠肺炎疫情这样的危机呢？我觉得主要的原因还是我们科技的发展没有跟上需要。

说到底，我觉得是疫情之初我们没有足够的医疗资源，没有足够的检测手段，也没有能够立即研发出能用的疫苗。所以从根本上来说，是人类的能力还不够，是科技水平的提高还不够。

我们要应对下一次这样的危机，就必须进一步地加强全球的合作，而不是因为一次危机就互相扯皮，互相推诿。特别是不能因为某些政治家拿这次疫情作为借口，让这个世界出现撕裂，让全球化倒退。

我非常赞同马云最近讲的一句话，"大概任何一个国家都有百分之一左右的脑子被撞坏的浑蛋。如果我们过多关注了这1%，而忘掉了99%的善良的人群，这是人类的悲哀。"

其实在历史上，大家也注意到，曾经有无数的悲剧源于集体的沉默，而让1%的浑蛋主导了历史的方向。我们一定要深刻吸取这样的历史教训。

二、救助别人，也是救助自己

当然作为一个企业工作者来说，在这样的全球疫情、全球的灾难当中，更重要的是要想到，作为企业，我们能做些什么，我们能够怎么让人类共同来渡过这次危机，怎么能让这个世界变得更美好。

第一，在危难之中，企业有义不容辞的社会责任。

我一直觉得，企业是这个社会最有活力的组织之一，特别是民营企业。

民营企业的运营效率、灵活性都能在社会面对危机的时候帮助政府和社会很好地解决一些问题。而且绝大部分的企业家都很有家国情怀，因为企业离市场最近，一旦社会出现危机，受影响最大的就是企业。

所以当企业看到国家有难、世界有难的时候，不会袖手旁观。企业觉得救别人也是救自己。

所以大家看到，在这次抗击疫情行动中，很多民营企业纷纷挺身而出。在第一阶段，中国疫情刚刚暴发的时候，阿里、腾讯、泰康、小米等企业都第一时间做出了响应，动用一切力量去支持抗疫一线的工作。

复星作为一家创新驱动的全球化企业，我们在创业之初就立下了修身、齐家、立业、助天下的文化价值观，所以在面对这样一场危机的时候，我们在除夕夜当天向全球团队发出动员令，紧急调配全球防疫物资，特别是能够进入红区的防护服、口罩等，支援包括武汉等重点疫区的一线。

当时也有很多的海外员工担心，如果疫情扩散到全球怎么办？

我跟他们说不用担心，中国防护物资不足的问题主要是春节假期产

能跟不上。一旦进入战时状态，因为全球防护物资大部分产能都在中国，所以春节以后我们很快就能提供充足的物资。

而且当时我叫他们不要担心的另外一点是，中国很快能够阻止疫情的发展。所以一旦他们出现疫情的时候，中国有能力拿出更多的防护物资来支持他们。现在中国很多企业，包括阿里、华为、复星等，我们积极支持海外的抗疫行动，把物资驰援到全球抗疫一线的医院。

我们更多地是想实实在在地做些事情，去帮助需要帮助的人，就像前面说的救别人也是救自己。

第二，我们要加快创新，助力抗疫，穿越危机。

企业另一个非常重要的作用，就是通过创新研发，通过科技产品，来帮助人类共同渡过这次危机。任何一场战争最后PK的都是科技能力、供应链能力，这次抗击新冠肺炎疫情的战争也是一样。如果医护人员都是赤手空拳、赤膊上阵，那我相信人类就输了。

幸好一百年来，科技水平有了很大的提高，做大健康产业的企业就能够在战时状态下紧急生产出很多医疗物资，供前线的需求。

对复星来说，我们在瑞典的呼吸机厂商BREAS，是一家在欧洲有着三十年历史的呼吸类医疗设备品牌厂商，这次抗疫中，产能比平时扩大了近4倍，现在已经向全世界支持了8000多台医用呼吸机。

当然，最终消灭病毒还是要靠疫苗，只有通过硬核科技的创新，人类才有可能真正地战胜这次危机。

所以现在复星也在加快和德国合作伙伴BioNTech在抗新冠病毒疫苗研发方面的工作。现在我们很高兴地看到，BioNTech已经在德国展开了疫苗的临床实验，我相信不久中国的疫苗也能够很快地进入临床。

第三，我们相信市场的力量，会重新修复有了裂痕的全球化。

现在有很多人担心，疫情之后，欧美日等发达国家会不会把供应链搬回本国。

如果仅仅从一些政客的演讲、媒体的文章中，你会发现这样的声音很大，好像很多全球化企业会马上把中国的工厂都搬回自己的国家。

但是，回到我们刚才讲到的，这可能只是1%的声音，真正的企业工作者，比如像我们自己，都是"很抠"的，都要一分钱一分钱地算成本。如果明知把工厂搬离中国，会造成成本的极大上升，我相信是不会去搬的。

即使是政府下令，说强制执行，那我相信这样对企业造成的伤害会很大。最终企业家不愿意这么做，政府也不会让企业这么做。

中国改革开放以来，为什么能有这么多发达国家的全球化企业来中国投资？

一方面，中国的劳动成本低廉而且优质，中国人勤劳、肯吃苦；另一方面，中国有着广阔的、高速发展的市场，任何全球化企业都不愿意失去这样一个机会。经过四十多年的发展，中国不仅拥有一个巨大的市场，更拥有全球最完善的供应链。

虽然特朗普一直希望把苹果手机的制造搬回美国去，但是一直没有成功，为什么？苹果的CEO以前是负责供应链管理的，他花费数年时间才对iPhone手机的供应链进行了重新设计，要调整这样的供应链非常难。

作为企业来说，我们要把这种市场的声音传递到政府高层中，传递到普通老百姓中，我们应该让他们知道，全球化所带来的好处远远超过一个四分五裂的世界。

我相信如果没有全球化，很多人的生活要比现在更糟糕，社会不会进步，科技不会进步，甚至如果逆全球化，可能会导致全球大萧条，很

多人连温饱和生存都会成为问题。

对企业来说，我们有责任去宣传一些正能量，去呼吁一些对的事情。我一直认为，大部分人都是善良的，我们不希望这个世界出现灾难，特别是因为疫情而导致的在全球出现的大萧条、大衰退。

所以为了这个世界，也为了我们自己，我们应该趁着这个世界还没有变得更坏之前，做一点点努力，尽量去阻止一些不好的事情发生。

三、千万要把钱发给中小企业

对于疫情所带来的经济问题是我更加焦虑的。据一份最新的研究报告显示，全球各国对疫情防控及相关政策的措施，将拖累今年全球GDP按年倒退3.3%，损失相当于9万亿美元。

报告预期，2020年，全年贸易损失将达到3.5万亿美元，破产公司的数量将上升两成，估计全球平均失业率将达到9.4%。

这样的经济状况，无论疫情最后发展如何，全世界都将面临更为严峻的次生灾害。

就像日前，我听到甘肃的唐仁健省长在甘肃中小微企业发展推进会上喊话，甘肃的经济到了十万火急、刻不容缓的地步。我想这种状况应该不仅仅是在甘肃。中小微企业的背后是数以亿万计的普通劳动者，如果不救中小微企业，那最后引发的蝴蝶效应不仅仅是经济问题，甚至会演变为民生问题、政治问题。

所以政府要真正地帮助到这些中小微企业，而其中大部分就是民营企业，或者甚至是个体户。

但是我最近也看到另外一份报告，让我焦虑：2019年1月1日至

2020年4月21日，国企与民企分别新发行公司债31406亿元与2368亿元，前者国有是后者民营的13倍之多。

从净增融资规模来看，国企公司债净增23353亿元，且单月净增规模持续正增长。而同期民企的公司债合计净增是-1660亿元，且仅有三个月份录得正增长，其余月份都在萎缩。在银行授信方面，国企合计授信175万亿元，民企合计额度仅仅是19万亿，是前者的十分之一。

即使在2020年3月份的疫情期间，国企共发行402只合计3174亿元的疫情防控债，而民企仅获发行73只合计388亿元，这让净融资规模本就在萎缩的民企在资金链上更加捉襟见肘。

我们一直说，我们的经济结构里有一个"五六七八"的说法，就是民营企业贡献了50%以上的税收、60%以上的国内生产总值、70%以上的技术创新成果、80%以上的城镇劳动就业、90%以上的企业数量。如果解决了80%的劳动就业人口的民营企业，获得的融资这么少的话，很快我们将会面临失业潮、企业破产潮。

当然另外一个问题是，难道是民营企业真的不行、效率低吗？实际情况是，民企与国企的融资同资质不同评级，同评级不同利率，国企的主体评级总体较民企更高，因此也导致其综合融资成本较民企更低。

即使是主体评级发债期限相同，民企的发债利率也较国企至少高出100bps。此外，相似资质的国企与民企发行人的评级也存在扭曲，通过整理AAA级国企后十名与AA+民企的前十名在2019年主营业务收入数据可以看出，后者的主营业务收入大幅好于前者，甚至不在一个数量级上，但是评级上却差出了一个档次。

其实民营企业的融资难并不是一个新的话题。早在2014年，银行信贷就开始对民企收缩，虽然中央不断出台政策以扶植民营企业，但是在

一些地方，"返费""以贷转存"和"烂企业背债"等变相给民企增加融资成本的方式层出不穷，也进一步引发了民企的违约潮。

2019年，民企新增违约债券规模是国企的3倍，如此巨大的差距如果是民企经营效率本身所带来的，那我觉得没有关系。但是我们看到，如此巨大的差距绝非经营效率所能解释，更多的是来自国企背后的隐性刚兑预期所带来的不对称融资环境。

因此，国企的隐性刚兑预期如不能打破，监管机构对各类变相提升民营企业融资成本的打压力度不能进一步渗透与加强，则仍然难以为民营企业建立公平竞争的融资环境。

尤其是当下，我们要趁着危机，利用危机倒逼改革，倒逼开放，要让市场重新焕发活力，要把钱真正用到需要的企业身上去。

这次疫情是人类历史的一次浩劫，也是对人类的重大考验。

我相信，只有朝前看、向前走，不因为一次困难就互相掐架，不因为一次困难就违背市场规律。要相信人类的智慧，相信全球化的浪潮，相信未来会更好，因为相信，所以我们一定能看到更好的未来。

第二编　国际新格局

关于逆全球化

阿代尔·特纳

我就新冠病毒危机对金融和经济的影响以及全球范围内的发达经济体和中国的应对政策该考虑的问题提出一些看法。

我认为我们在这场危机中所处的阶段仍然是不确定的，没有人能够准确地预判未来的趋势。

我们惊讶并且欣喜地看到，中国和东亚的很多国家在经过6—8周的严密封锁后，供给领域的经济开始逐渐复苏，特别是制造业以及运输业有了比预期更快的恢复。但现在中国出口正受到限制，这是目前其最大的难题。

因此，中国和其他东亚国家面临的问题是，如何通过刺激内需或区域发展需求来实现经济发展，以及海外发达国家的经济恢复速度。但从

作者系新经济思维研究院主席，英国金融服务局前主席。

根本上说，问题关键在于海外需求的恢复。

西方发达经济体仍深陷封锁，持续时间尚不明确。尽管我们在一些国家已经看到了政策的放松，比如奥地利、德国和斯堪的纳维亚半岛的国家。我认为在英国，未来也会有所放松，但是放松的意义尚不明确。没有人知道具体哪天会放松，社会活动是否可以全面重启。某些经济领域很可能在未来的几个月内都将受到广泛限制，比如休闲娱乐业和旅游业。另外，我们还不知道这对企业破产、投资和就业的长期影响会有多深？这会是一个V型事件吗？我们暂停了经济发展之后就一定会V字复苏吗？我们不知道这些影响会持续多久。

关于发展中国家，目前的情况如何呢？

尽管曾有警告称低收入、欠发达经济体的情况可能会很严重，但迄今为止，实际感染人数、危重病例和死亡人数的上升速度低于预期水平。这可能意味着温度对传播有更大的影响。如我们之前预期的，气温升高会影响病毒的传播。这将是一个好消息，但我们尚不能确认。或者也有可能是发展中国家暴发之前的平静。

但我认为，当我们审视发展中国家时，即使疫情带来的健康危机没有人们担心的那么严重，我们也应注意到他们可能会面临的出口需求和大宗商品价格下跌带来的巨大冲击。

中国的复苏可能比其他一些经济体更强劲

那么这对全球经济的发展意味着什么呢？国际货币基金组织在其最新的《世界经济展望》中提出了一些预测。

如果我们相信这些预测，在全球经济以每年3%的速度增长之后，影响不会是灾难性的：经济增速在2020年下降3%，但随后2021年的增长速度将超过其正常水平。

从某种意义上说，国际货币基金组织在4月底发布的预测是乐观的。事实上很多人认为下行风险是巨大的，发达国家2020年会下降不止6%，而是10%或15%。

我们不能确定，但我和一些人更倾向于国际货币基金组织的乐观预测，我们拭目以待。我同意国际货币基金组织所预测的，中国的复苏可能比其他一些经济体更强劲。

对比国际货币基金组织对两年内（2020年和2021年）世界经济增长的预测，你会有很有趣的发现。

他们认为新冠肺炎疫情对中国的影响是最小的。IMF预期这只会对中国经济增长造成1.5%的打击，而对发达经济体的影响要大得多。同时，对拉丁美洲和撒哈拉以南非洲地区的打击也会很大。

重申一下，即使没有这一全球健康问题所带来的不良甚至毁灭性的影响，经济放缓也会造成巨大的冲击。

全球实际利率将长期低迷

现在，我们需要补充下列内容以便充分了解相关政策的背景信息。

我们知道石油和天然气的价格处于下行趋势，但不知道未来的四年会发生什么。让我们回想一下，在2009年，我们看到了石油价格的大幅下跌。但仅仅三四年后，油价又回升到100美元以上。当时的情况是，油价暴跌导致投资大幅削减，尤其是在美国页岩油和石油开发领域。三年后，由于投资减少导致供应短缺，油价再次上涨。现在，如果我来猜

测，我不认为这会再次发生。

化石燃料价格可能会进入持续的低价期，金属商品的价格可能下跌20%到40%，这对许多国家的出口收入产生了很大影响。显然，我们将会看到巨大的财政赤字。2020年发达经济体的财政赤字将达到GDP的10%到15%，而债务与GDP的比例也将相应上升。这也是我们需要考虑的问题。

全球实际利率将长期低迷。长期实际利率、政府债券利率目前都将保持为负的状态。名义利率可能在0.5%到0.75%之间，但实际利率低至-2%。

风险较高的国家和企业的风险溢价有所上升。这就对政府在应对这场危机中应该扮演怎样的角色提出了非常有趣的思考。经验告诉我们，发达经济体和政府，以及中国，可以以极低的利率借款。但风险较高的国家和公司的利率要高得多。这就引发了一个问题：是否利用发达经济体的资产负债表来维持面临更高利率的公司和国家的运转？

制造业可能重返发达经济体

我们需要注意到，这场危机已经加速了经济的结构性变化。通常我们关注周期性影响，但有时危机会加速一些事情的发展。

在这场危机中，我们已经在中国等地方看到，传统零售在加速向在线零售转变，更多数据和工作可以通过远程处理，这会让更多人关注"机器自动化处理（RPA）"，它能够自动完成许多中低端信息处理工作。

我们会看到供应链全流程上的企业会试图实现自动化生产、仓储、运输、配送，因为他们意识到，当不得不为员工健康安全风险考虑时，人工成本变得更高了。我已经看到有来自中国的报告，建议提高对制造业自动化的关注，以便再次面临病毒危机时企业可以更稳健地面对。

我们可能会减少对此前不断扩张的全球供应链的依赖，制造业生产可能将重返发达经济体。对发展中国家来说，这意味着制造业就业流失加剧、中低端工作的收入下降，这些国家很难再复制曾经东亚的出口导向的增长道路。

最后，关于经济的结构性问题，我很关注如何向低碳经济转化。

我认为，当我们面对新冠病毒引发的健康危机时，不要忘记我们还有一个亟须关注的长期危机——全球气候变化。

但是这次危机可能会拖累能源经济向低碳经济过渡的步伐。化石燃料价格越低，可再生能源或电动汽车就显得越贵，经济向低碳过渡的难度就越大。更高的资金成本可能会阻碍可再生清洁能源的发展，尤其是在发展中国家。但我们要确保这种情况不会发生。

新冠肺炎疫情不会导致金融危机

以此为背景，在全球金融体系层面，中央银行和金融监管机构必须要做的关键事情是稳定体系，并确保不会出现自身失控的流动性危机和银行体系内的偿付能力危机，这就类似2008年的情况。关于这一点，广义上来说我们应该算是成功了。

之所以成功是因为我们在2008年全球金融危机之后实施的改革已经建立了一个更强大的金融体系，要求银行拥有更多的资本，同时储备反周期性的资本缓冲等。我们站在了一个更加稳健的起点。同时，世界各

国央行通过本国货币的大规模流动性操作等，都在支持美元资金，不管是否为美元国家。

我绝对不认为这场危机将导致金融危机。我们知道如何制止这种情况，因为我们不会看到大型银行的灾难性倒闭。系统是稳定的，但仍然需要担心的是全世界的债务水平很高。此前我们陷入危机的原因是银行系统的杠杆率较低，而公司系统的杠杆率很高，这一点现在仍然令人担忧。从本质上讲，世界的高债务水平，只能让我们以非常低的利率维持经济运转。

从某种意义上讲，我们近几年所面临的问题在疫情冲击下有更严重的倾向，但是我还是不认为这最终会像2008年那样演化为真正的危机。

欧债危机扩大：欧央行可能为意大利买单

现在我们来谈欧债危机和欧元区的结构，这次风险将这一问题再次带到前台。即便是中国、英国、日本、美国，面对这场危机，他们的财政赤字率也一定提高。但是所有这些财政赤字都是可以偿还的——如果私人部门偿债不利，中央银行有权通过量化宽松的操作来购买债券。因此，我并不担心像日本、英国、美国等大多数发达国家和中国这类国家的债务负担能力和国家主权问题。

但欧元区不一样，因为意大利并没有自己的中央银行，那就没有中央银行来最后购买债务。意大利，作为一个债券发行人，可能更像是广东省或加利福尼亚州。它不像中国或者美国，可以独立发行货币，而更像是下一层级。这意味着，我们需要担心意大利的主权问题，我认为总有一天这一担心将变得有意义。我们可能会看到意大利政府债务占GDP

的比重增长10%-15%。意大利会出现经济萧条，税收收入将会下降，医疗支出将会增加，很多人会讨论：如何为这些债务融资？如何偿还？它需要重组吗？

有些人会说，欧盟应该发行一个欧元区债券，由所有国家担保，欧洲央行应该购买这些债券。但德国人、荷兰人，还有其他的"硬性货币"国家的人们会说，"不，我们不会那样做"。这其实是五年前发生的景象，现在我们可能会再次回到那种状况。

因此，我认为，欧元区作为一个由多个国家组成但只有一种货币的经济结构，还存在一些尚未解决的问题。现在这些问题将再度摆在面前，我也想不出更好的解决办法。但必须要说的是，我认为意大利政府债务是不可持续的，这样下去最终会导致债券违约。或许欧洲央行将永久性地购买部分债务，否则意大利就会离开欧元区。我认为，无论如何，意大利都将积累这些债务，然后开始通过财政盈余偿还这些债务。

中国经济复苏速度比预期要快

我对中国经济比较乐观，因为我看到中国经济供给端已经重启。中国大概98%的规模以上企业可以正常运转了。中国正在实施一套新型的针对病毒的检测和追踪系统，在工厂内遵守安全的社交距离约定，就能够正常开工。

我认为，中国管理制造和生产的能力使得其社会经济复苏的速度比大多数人预期的要快。但中国面临的挑战是，海外需求、出口量正在下降，而且将在一定时间内保持低水平。一季度中国GOP同比下降6.8%，

二季度增长3.2%，在此基础上，因为出口需求的减少，我预计中国GDP2020年将保持平稳或轻微波动。

关键问题是，中国如何在外需不足的情况下，刺激内需，并且避免再现2009年对传统基建投资刺激的负面影响。我认为这是中国要着重考虑的问题。

警惕知识与文化交流的逆全球化

我认为一定会发生一些逆全球化的事情，并且至少有两种形式。

首先我认为，可能会有一些趋势想要缩短物理上（距离上）的供应链、减少对较长供应链的依赖。但这个影响不会特别大，因为物理上，我们已经有措施保证供应链在疫情下安全运转，普及自动化、避免交叉感染等。

其次，更深层次的去全球化，至少在一段时间内，将会是人员流动的冻结。我也不确定这会持续多长时间，这将取决于我们还需要多久才可以获得便捷、精准的核酸检测、疫苗或者抗病毒治疗。

人员流动的冻结对各国旅游业是巨震，对发展中国家来说更是巨震，因为一些发展中国家的收入大量来自劳工汇款。比如菲律宾，外出务工人员的汇款与出口收入同样重要。

最后，也是我不希望发生的，是知识文化交流的去全球化。我想强调这一点，因为它非常重要。我们可能难以去彼此的地方旅行，只能够通过远程设备交流，这一事实意味着交流思想和观点的过程将变得有风险，而这对世界发展至关重要。我们需要尽可能地加强交流机制，哪怕像目前，我们只能以这种视频会议的方式来做。

我们也必须加强支持国际健康组织，而不是削减对它的资助。总而言之，至关重要的是，思想全球化和全球合作正面临潜在威胁，但我们必须尽全力避免这些事情，因为我们需要尽可能多的全球协同合作。

新冠病毒的悲剧性与国际合作的困难性

川村雄介

进入21世纪后，我们已经面临并经历了三次巨大的灾难。

例如，在2008年，我们经历了雷曼事件；在2011年，日本发生了大地震；现在，我们正在为这场新冠肺炎疫情而烦恼。在短短20年间里，我们已经面临了三次对如此巨大的灾难，这意味着我们应该为这样每6—7年会发生一次的巨大危机做好准备。在这些危机中，我认为新冠肺炎疫情危机是最严重和前所未有的。

关于这点，我可以提出三个理由。首先，人类历史上第一次遭遇新冠病毒，我们还未找到有效的方法来战胜它。其次，几乎无一例外的是，没有国家或地区能够避免这场灾难。新冠病毒根本不是地区性的悲剧，而是全球性的灾难。这使国际合作极为困难。最后，最令我们恼火的是

作者系Glo-cal政策研究所代表理事，日本大和综研顾问。

我们无法预测其结束的确切日期。此外，我们必须为第二波新冠病毒传播或其突变做好准备。

从另一角度来看，我想指出，新冠肺炎疫情危机不是由金融驱动的危机，而是对实体经济的直接冲击。这次危机不是由资产负债表衰退引发的。新冠病毒敏锐地击中了损益表。换句话说，这场危机始于需求下降，致使销售量几乎降到零水平。

我们简单回顾一下雷曼事件。在那次冲击下，货币流动和资金流动停止，经济衰退速度相对缓慢。就日本经济而言，全球金融崩溃导致以出口和投资为主的商业部门业绩急剧下滑。

在当前新冠肺炎疫情危机下，人员和资产的流动被冻结，经济急剧下滑，尤其是对旅游和餐饮服务业的影响巨大。此外，为防止新冠病毒流行而采取的抑制性经济政策对家庭部门也造成了严重影响。此外，恶化的全球经济打击了商业部门，尤其是在出口和投资方面。与雷曼危机相比，当前的经济衰退更为严重，因为我们的政策措施空间非常有限，对供应链的负面影响巨大，而且企业部门债务负担过重。

通过对日本、美国、欧洲和中国的实际GDP增长率预测，数据显示欧洲的情况最为严重。美国也处于艰难境地。日本到目前为止，只略好于这两个国家，但情况相似。中国在衰退的程度和复苏的速度上看起来都要好得多。

新冠肺炎疫情对日本经济造成一定影响。如果日本经济可以在短期内恢复，与没有出现危机情况下的实际GDP相比，日本的GDP将会下降约24.4万亿日元。如果经济在长期内才能恢复，预计GDP将减少41.1万亿日元。即使是短期情形，2020年日本的实际GDP增长率也将低至−4.5%。

预计美国和欧洲也将陷入 -3% 或 -4% 的负增长。

最糟糕的是，最近 4 年里，世界经济的情况更为恶化。以日本为例，今年 GDP 增长率将降低 20%。至于美国，我们将看到 2020 年的 GDP 增长率下降幅度高达 40%。甚至世界其他国家都无法避免经济衰退或萧条。在 2009 年，也就是在 2008 年全球金融危机（雷曼事件）爆发后不久，日本的实际 GDP 同比下降了 5.4%。现在，如果风险预测成为现实，从 2019 年 10 月至 12 月开始，GDP 增长率将连续 5 个季度出现同比下降。2020 年全年的 GDP 增长率预计为 -7.6%。这是自 1956 年首次提供日历年统计数据以来，日本经济经历的最大跌幅。这场危机对经济的影响最终可能会超过 2008 年的全球金融危机。

自 2020 年年初以来，日本的消费量一直在急剧下降，几乎是直线下降。例如，一个显著的影响是中国赴日游客人数的下降。当中国游客减少 100 万时，日本估计会损失 2500 亿日元的国内消费量。根据短期的预测场景，流行病在 6 月左右得到控制，消费的总量将限制在 7.6 万亿日元左右，而从长期的预测场景来看，流行病将持续到 2020 年年末，消费的总额将限制在 14.0 万亿日元左右。

日本政府对新冠病毒问题采取两阶段对策。第一阶段是紧急的支持措施，第二阶段的目标是 V 型恢复。第一阶段的对策主要为预防传染病传播的措施等。第三阶段为日本所有家庭提供现金。这实际上是一种分期付款的两年期付款方式。日本政策金融公库作为被指定的金融机构，是日本政府所拥有的特殊机构，有权向中小企业提供贷款，并得到日本政府的担保。我们有许多为中小企业提供的公共融资项目以及私人贷款和投资项目。

面对危机，日本国有金融机构积极应对当前形势，尤其加大了对中小企业的支持力度。日本政府为日本政策金融公库提供供应、投资和补贴。日本政策金融公库有两种向中小企业注资的方式。一种方法是像通常的中小企业银行一样，直接向中小企业发放贷款。

另一种方法是通过指定的银行如Shoko Chukin银行向中小企业发放贷款。日本政策金融公库提供资金，补偿Shoko Chukin银行负担的损失，并补贴利息支出。然后，Shoko Chukin银行向中小企业提供贷款，作为特殊贷款或利息补贴。

接下来将发生什么则是一个问题。新冠病毒的蔓延有望停止。但我们的经济和商业仍将面临非常严峻的形势。在这几个月里，全球经济中只有20%-30%在运转，情况糟糕到许多公司和个体经营者都在倒闭。即使是健全的公司也要承担起从零开始启动市场的负担。另外，一直以来给予他们支持的私有和国有的金融市场和金融机构也非常疲惫。

此外，许多国家的预算和财政状况正在恶化。正如我所说，日本政府将采取两阶段的对策，夏季过后，采取第二阶段的措施将是至关重要的。日本银行为了刺激国内经济，采取了非常激进的金融宽松政策。但新冠病毒对全球经济和日本国内经济都造成了严重的危害。

因此，我们需要更多时间才能恢复到"正常温度"，要使我们的经济步入增长轨道非常困难。全球经济复苏至少需要1-2年的时间。

此外，我担心COVID-19的第二波或第三波蔓延。100年前结束的西班牙流感大流行，发生于1917年至1920年，其第二波蔓延的影响要严重得多。现在我只能祈祷医疗能有显著的改善。

在这种情况下，接下来会发生什么，这是一个非常关键的问题。在其他所有的忧虑中，我想指出两个。首先，由于许多国家的隔离政策，国际交流陷入停滞，这是人类、文化和经济全球化的倒退。其次是通过

对新冠病毒大流行的某种偏颇的讯问方式，出现了一些类似追捕犯罪行为的迹象。

虽然我们必须要在国际上进行合作，但我们也会听到一些人将新冠病毒大流行归因于中国，指出中国应该与包括日本人在内的其他亚洲人承担责任，因为在西方人看来，亚洲人看起来几乎是一样的。当然，大多数头脑冷静、聪明的西方人从不说这种话，但不幸的是，我们看到许多人歧视亚洲人，尤其是政府中一些关键人物有时都提到这一点。我真的很担心他们的评论。

毋庸讳言，我们不仅可以看到新冠病毒的消极方面，而且可以看到它的积极方面。我们在追求文化、生活方式或是经济活动的繁荣的过程中，将更加重视环境，这样我们才能与地球共存。为了实现这一点，我们现在正在开发无须人力的经济网络，即利用信息通信技术和人工智能。因此，我一直着迷于中国社会在AI或ICT或数字化方面的飞速发展。

与中国相比，日本更像是另一种社会。所以在新冠病毒危机之后，我认为日本将会加速追赶中国这样高度发达的ICT社会。也许我们可以期待出现前所未有的新产业和新企业。这为苦恼于人口减少的国家提供了意想不到的解决方案。通过这些解决方案，人口减少的国家将有更好的机会。

那么我们应该怎么做呢？危机管理有一句著名的警句，在正常的日子里，人们必须以悲观的态度来准备；在危机时刻，人们应该乐观地面对。

所以现在让我悲观一些。极为重要的是，未来最令人焦虑的情形是国际混乱和全球混乱，这可能引发严重的国家间冲突。简而言之，西方和亚洲倾向于相互敌对，这将是一场噩梦。令人失望的是，我担心中国和美国之间的关系，我真的担心，这两个大国之间的关系可能会更加紧张。

日本的立场说来就有些微妙了，可以说是一种矛盾的立场。自二战以来，日本一直亲美约80年。人们说当美国打喷嚏时，日本就会着凉，确实就像这样。日本在许多物质领域，如经济、文化、外交，也许还有维和政策，都深受美国的影响。另外，日本和中国有2000多年的外交史。我最喜欢的一本书是《后汉书》，里面提到了古代日本。不幸的是，在跨入现代之后，我们经历了一个令人遗憾的时代。但我很高兴看到两国关系最近取得的进展。而且，我相信这两个国家在许多领域会有更密切的交流。这一行动方针不会改变。我们决不能阻止这一行动。我们最好能够创建更深入的关系，从良好的意义上讲，相互依存的关系。即使在新冠病毒危机期间，仍有许多中国人负责日中项目，其中一些人是我去年1月至2月遇见的。

我一直主张，西方人应该重新考虑一下对世界历史的偏见。我并不是说西方人错了，或者西方和东方应该恶语相向。我们必须与他们合作。但我们的未来主要取决于亚洲。当然，这绝不意味着自私和狭隘的民族主义。我们必须促进全球本土化、全球化和本地化驱动的社会在地球上的发展。在这种情况下，我认为中国和日本应该发挥关键作用。

我相信，正是这场毁灭性的新冠病毒灾难，将推动中日关系的发展，使世界出现一个梦一般的理想社会。历来中日一衣带水，我对这句话的感慨颇深。

新冠肺炎疫情之后的中国与世界

姚 洋

这次疫情对中国经济的冲击非常大，最重要的冲击在消费领域，零售总额下降了19%，有人计算消费也下降了15%—20%，可支配收入下降了4.6%，这是以前我们经济下行从来没有发生的情况。以前经济下行的时候主要是企业信心不足，所以我们用一些常规的手段，比如信贷扩张，就可以提振企业的信心，但这一次我们实行扩张的货币政策已经两个多月了，效果实际上不是很明显，原因是我们消费零售下降太多，企业的订单不足。大家随便上街看一下也能发现，我们各个城市的商业场所恢复得都比较差，直到5月中旬也就在50%上下，北京就更差了。这会极大地影响到整个社会的需求。

所以在这种情况下，我想用增加投资的方法会起到一定的效果，我

作者系北京大学国家发展研究院院长。

看了一下数据，我们现在新一轮投资下来，对于提振中国的需求，还是起到了一些作用，但是我们也要看到在这次疫情之后，中国经济里头会出现一些新的领域，这也是我们值得注意的。

第一个值得注意的地方，是我们中国复工比较早，我们现在都在谈产业链断裂，好像对中国影响很大。事实上，产业链暂时的断裂对中国的影响恐怕是最小的，实质上对其他国家影响更大。为什么这么说呢，因为中国复工早，中国又是产业部门最完整的国家，所以别的国家不能给我们供货之后，我们国家自己的企业就会填补进去。我这个只是大体上的猜测，有一些迹象还是表明了我这个猜测。疫情发生后，外国的厂家他供不上了，好几个月中国的企业还要生产，开工生产，那怎么办，他只能用国内的供应商，国内的供应商当然以前可能质量不是太好，但是这一次也没办法，你得用。只要有人来用了，他的质量就会提高，所以我和很多人的看法不一样，我觉得这次所谓的产业链暂时的中断说不定对中国反倒是一个好事。

疫情之后，世界整个产业链恐怕会做一些调整。当然了，有些国家会把一些产业迁移回去，比方说和医疗有关的有些产业会迁回去，我们应该理解，不要把影响夸大。但另一方面，中国由于市场优势，生产网络的优势，恐怕我们至少不会在这一轮挑战过程中吃亏，这是我的第一个判断。

第二个判断是我们的一些商业模式可能会出现较大的变化，大家可能也发现了，各个城市的早高峰基本上恢复了，哪怕包括北京早高峰走一走三环四环，堵车接近平时的程度，但是除了早高峰之外，平时的车辆是大大地减少，不是降低20%、30%，恐怕是降低一半以上，当然了这里头有一些是因为普通老百姓上街购物少了，外地出差少了。

但是也不可否认，很多企业改变了以前的商业模式。以前我要去见客户，我不会在网上做，而是开着车出去，这样就增加了在路上跑的车的流量。现在大家已经习惯了，不是特别重要的，就会在网上解决了，就像我们现在这么大的论坛可以在网上举办。其实大家一开始都有抵触情绪，包括我自己。也有抵触情绪，现在在网上上课也挺好，而且也是一样，在网上开会也挺好的，视频一开有一些卡顿，但是还是可以的，所以这是一个很大的新的领域。

这就要说到新基建，这一次我们以投资来带动经济复苏，在很大程度上还是这种传统的基建，传统的基建量大，一下出来就是几十亿上百亿，但是我们也要看到，中央力推的新基建，我们一定要把握新基建的含义，新基建就是以5G为核心的新技术。随着这一波新基建，在未来的两三年里头，中国的5G不说普及吧，即便占有率达到一半以上，也会完全改变中国的业态。就说我们网上开会，比现在会流畅得多。这里也提出一个问题，我老在想，我们提供这些网络会议服务的厂家，像Zoom这些怎么去赚钱，这个恐怕要想一想，因为现在恐怕大家都习惯了免费，我们国家发展研究院也开网课，我们开一个网课数字金融的网课。在B站上面，加总起来是1500的观看量，我觉得很高兴，我觉得是不是可以开网课赚钱，别人告诉我说对不起，你要想收费的话，转换率是万分之一点五，当时我的心就凉下来了，那就没多大意义了。

这就涉及网上的这些服务怎么去真正的能转化成商业上的成功，恐怕还要想一想，像我们这种教育单位，想开设网课，恐怕还得要好好去想一想。但是未来5G的应用前景，肯定是非常广阔的，不光是在网络会议、网络教学方面，我想其他方方面面都会渗透到我们的生活里。

综上所述，疫情下国际环境很复杂，我们的企业，或者说我们很多的评论家，往往会把一些短期的现象夸大，认为甚至当成长期的趋势，对未来的看法较悲观。我觉得这种悲观的情绪是没有必要的，中国在过去的一段时间里，我们在基础制造业方面达到了世界的先进水平。如果我们能够趁着这一次新基建，把5G网络建成，那我们在通信还有信息服务领域肯定会成为世界第一阵营，我们应该有信心。

关于平衡全球化和向内寻找的矛盾。我觉得全球化不会停下来，全球化会发生调整，大家不要把这个调整看作好像是对准中国，好像就是要发生"去中国化"，每个国家都有自己的经济阶段，我们的一些产业转移出去有他的合理性，比如说服装、鞋帽这种产业转移到东南亚去有合理性，因为我们工资水平不可能支撑这样大的劳动力密集型产业。产业转移出去后我们自己产业又发生升级，所以我们对东盟的出口实际上是增加的，而不是减少的，我们对他们大量的出口棉纱还有其他中间产品，国际分工把这个圈重新调整了一下，以前是我们直接向欧美、日本出口，现在我们不直接出口了，东南亚直接出口，我们往上游走了一走。此外，中国本身的市场足够大，中国已经是零售世界最大的市场，我们的厂商供应中国其实就已经足够了，即使没有国外的这个市场，我们也可以发展起来。

疫情下的全球经济与政策选择

郑之杰

在新冠肺炎疫情肆虐全球、经济衰退与金融动荡风险急剧升高的形势下，我想就应对疫情冲击，以集成电路为主要抓手、加快推进"新基建"，谈几点看法。

一、新冠肺炎疫情对经济发展冲击巨大

从全球看，疫情对经济的冲击波及广、程度深、持续久。 自今年初大规模暴发以来，新冠肺炎疫情迅速波及全球，短短三个月时间就已蔓延至全球绝大部分地区。新冠肺炎传染速度之快、波及范围之广远远超过了中东呼吸综合征（MERS）和SARS，成为1918年大流感后，人类

作者系国家开发银行原行长。

百年来第一次真正遭遇的全球大流行病。其对经济社会发展的冲击也完全超过以往：凡是暴发疫情的国家，不得不在短时间内采取"封城"、隔离等措施，导致供给端的生产和需求端的消费均被抑制，实体经济运转几乎瞬间暂停，金融与实体同时遭受冲击。百年未有的"黑天鹅"事件严重打击了投资人的信心，MSCI全球指数曾在3月份一个月内暴跌超过30%。

从国内看，疫情导致经济下行压力空前加大。一是原定经济增长目标难以实现。2020年是"十三五"规划收官之年，要实现GDP较2010年翻一番的目标，当年增速需达到6.0%。然而受疫情影响，第一季度GDP同比下滑6.8%，投资、消费与出口"三驾马车"大幅负增长。二是保民生稳就业压力大增。受疫情影响，农牧业生产受到意外干扰，供需恢复平衡被推迟，这对恩格尔系数较高的低收入人群造成很大的生活压力，进而阻碍社会消费的恢复。从企业用工需求看，中小企业创造80%的就业岗位，但恰恰是这部分企业受疫情冲击最大，大量中小企业已出现金流、原材料和销售渠道断裂出现经营困难。此外，今年应届高校毕业生高达874万人，再创历史新高，同时叠加3000万复工被推迟的农民工，整体就业压力极大。三是国内产业链、供应链安全受到较大威胁。随着海外疫情高峰期的到来，国际物流受到较大影响，芯片等我国尚无法进口替代的电子零部件生产或受到冲击，进而影响国内电子产品成品的生产，产业链安全将遭遇巨大挑战。四是防范化解金融风险攻坚战面临挑战。疫情蔓延期间，企业经营状况恶化，势必传导至银行系统资产端，推升信贷不良率。房地产销售严重受挫，局部地区土地价格或将滑坡，进而导致银行抵押物贬值。

二、加强传统和新型基础设施建设，有效应对疫情冲击

4月17日中央政治局会议强调，要积极扩大国内需求，加强传统基础设施建设和新型基础设施建设。"新老并重"的基建政策基调充分体现了中央对加强基建投资的高度重视，这对于疫情下激活需求、优化供给、支撑经济恢复增长意义重大，也将对经济结构优化升级、全要素生产率提升起到重要的推动作用。

（一）我国传统基建仍有较大提升空间。我国基建存量已居世界前列，但人均水平和质量与发达国家存在明显差距。

从数量看，根据国际货币基金组织（IMF）数据，2017年我国公共资本存量为48万亿美元（按2011年不变价格计算），位列世界第一，但人均公共资本存量仅为3.5万美元，在149个经济体中排名第37位，明显低于日本（6.4万美元）、俄罗斯（5.7万美元）、美国（4.6万美元）等。

从质量看，根据世界经济论坛《2019年全球竞争力报告》，我国经济类基建质量评分为77.9分（百分制），在141个经济体中排名第28位，低于日本（93.2分，第5名）、美国（87.9分，第13名）等发达国家。至于医疗基建质量更是仅位列全球第78位。

从区域看，过去我国资源长期向欠发达地区倾斜，因此全国范围内基础设施建设基本平衡。欠发达地区尽管基建存量密度较低，但人均水平不低，部分人均指标甚至较高。反观东部地区，由于人口、产业持续流入和聚集，基建存量相对短缺。比如，在交通方面，2018年东部、中部、西部、东北地区铁路路网人均长度分别为0.59、0.78、1.31、1.70公里。

从疫情影响看，我国在公共医疗卫生、健康养老等基础设施方面，与发达国家相比仍有不小差距。我国每千名常住人口执业医师数2.6人，与经济合作与发展组织（OECD）国家平均水平3.4人还有一定差距，千人口注册护士数约为OECD平均水平的1/3，万人全科医生数约为OECD平均水平的1/5。

（二）"新基建"符合新发展理念要求与新时代经济社会发展需要。我国经济已由高速增长阶段转向高质量发展阶段，产业链要迈向全球中高端，4亿"新中产"群体的消费升级需求要得到满足，这些都对基础设施提出新的要求。未来20年，支撑我国经济社会繁荣发展的"新基建"一定是5G、人工智能、数据中心、工业互联网等科技创新领域基础设施，以及教育、医疗等消费升级重大民生领域基础设施。

一是"新基建"能够更好服务于消费升级。我国经济已经进入消费主导的新阶段，2014—2019年消费连续6年成为经济增长的主要动力。2019年我国人均GDP首次超过1万美元，预计未来10年内我国将进入高收入经济体行列。随着中等收入群体规模扩大、人民生活水平不断提高以及老龄化加快，享受型消费将快速增长，旅游、文化、健康、养老等新兴消费方兴未艾，特别是"互联网+"领域消费处于世界前列。从居民消费支出结构看，2012—2019年教育文化娱乐、医疗保健支出占比分别上升1.2、2.5个百分点，2019年网上零售总额升至10.6万亿元，占社会消费品零售总额的25.8%。这些都与"新基建"密切相关，需要"新基建"提供支撑。

二是"新基建"为我国创新发展奠定基础条件。从历史经验看，英国、美国、德国、日本，无一不是依靠抓住某次关键的产业革命机遇而成功崛起，最终成为世界的科技与经济中心。随着未来人工智能技术逐

渐成熟，21世纪将步入智能时代。信息与通信技术（ICT）产业是智能社会的基石，对整体经济社会发展具有明显的辐射作用，也是当前及未来各国科技竞赛的制高点。抓住智能时代变革的机遇，是我国建设现代化强国的关键。

三是"新基建"未来发展空间巨大。 尽管当前"新基建"规模尚不足，但是新生事物的发展有个过程，未来"新基建"的投资占比会越来越高，增量贡献会越来越大。新时代对"新基建"的本质要求是创新、绿色环保和消费升级，补短板的同时助力打造发展新引擎。"新基建"通过上下游产业联动，进一步带动新兴制造业和服务业蓬勃发展，将催生新的消费模式。

（三）推进"新基建"需要新模式。一是构建财政支出新模式，引导参与主体多元化。"新基建"所涉及的领域均与高科技有关，市场机会大，但风险也相对较高，特别是技术路线不确定、发展迭代迅速等风险更为突出。因此，可构建与"新基建"投资相匹配的财政支出新模式，对市场主体参与意愿强烈的领域，要放宽市场准入；对参与意愿不强、收益欠佳的项目，可通过财政资金引导，撬动民间资本。

二是因地制宜，合理布局投资区域和领域。 在经济下行压力加大时，财政投资要增强针对性。"新基建"要与新型城镇化和产业升级战略配合，与人口流动方向一致，把非本地户籍的常住人口需求纳入投资规划中，重点聚焦城市群、都市圈和中心城市。对疫情中暴露的医疗、环保等民生短板，要加快补齐，同时对传统基础设施进行数字化、信息化更新换代。

三是"新基建"要与配套产业良性互动。"新基建"可带动配套产业发展。建议增强前瞻性，注重上下游配套产业链建设，推进成果转化应用。支持传统产业实现数字化、网络化、智能化转型，同时用产业经济反哺"新基建"，实现"新基建"与产业经济的良性互动，发挥"新基建"的"乘数效应"和"裂变"功能。

三、以集成电路产业作为推进"新基建"的主要抓手

集成电路产业是支撑经济社会发展和保障国家安全的战略性、基础性和先导性产业，而高精度的传感器芯片和超高速的数字处理芯片是"数字新基建"的底层关键核心。在这方面，我国还存在不少短板和"卡脖子"领域，比如，半导体材料和制造设备进口依存度较高，2018年、2019年我国集成电路贸易逆差连续超过2000亿美元，是世界第一大集成电路进口国。我国要大力发展数字经济，建设"数字新基建"，就必须加快完善集成电路产业链。

一是坚持主体集中原则做好行业布局规划。集成电路产业持续高投入和技术、人才门槛高的特点，决定了这个产业一定要避免资源分散，不能遍地开花。要围绕行业龙头企业，保持高强度的支持态势，推动骨干企业提升技术水平、开发系列化成套化产品；积极推动国内外资源重组、整合，紧跟国际最新技术发展趋势，着力打造具有国际竞争力的核心企业。

二是推动区域集聚发展。从国际经验看，集成电路产业具有显著的产业集群发展特征。应加强对地方发展集成电路产业的指导，要求各地从自身实际出发、按照产业发展规律开展工作，在京津冀、长三角、华中华东地区及粤港澳大湾区选择具备财力支撑、人才支撑、环境支撑的重点城市，集中发展集成电路产业，避免分散投资、重复建设，促进产

业资源和人才的聚集。发挥区域比较优势，加强区域协同，形成优势互补的高质量发展格局。

三是建设国家重点实验室与企业研发联合体。对于光刻机等难度极大、严重威胁产业链安全的核心装备，由于资金投入巨大、研发时间很长，短期内单纯依靠企业主体难以完成突破，应借鉴"两弹一星"经验，整合全国科研院所与龙头企业力量，进行集中攻关，合力攻克关键核心技术、补齐短板。

当前形势下，加强传统和新型基础设施建设，特别是以集成电路为主要抓手、加快推进"新基建"，是一项紧迫而艰巨的任务。应进一步加强顶层统筹，做好行业规划，创新融资模式，以"新基建"激活经济转型新动能，为积极扩大国内需求、推动经济高质量发展筑牢坚实基础。

疫后全球产业链和供应链的"东移"大势

魏建国

我谈一谈关于疫情过后全国的外贸形势。现在有些专家和学者对我们的外贸比较担心，我认为这是很自然的，也是可以理解的。前些时候处于疫情中，我们首先碰到了复工复产难的问题；这个问题解决后，又发现订单没有了，这些都是靠外贸出口的中小企业，尤其是沿海地区的外贸企业面临的最大的难题。

那么应该怎么解决以及如何判断下一步外贸形势？我想首先对当前整个外贸形势，我们要有一个比较清醒的认识：我个人认为今年的外贸发展会出现一个"前低后高"的状况，也就是说疫情当中，可能我们的外贸滑坡比较厉害，包括现在大家所知道的，我们第一季度整体进出口贸易不尽如人意。

作者系中国国际经济交流中心副理事长，商务部原副部长。

但是我认为第二季度的整体外贸会有一个很好的恢复，第三季度尤其是第四季度、圣诞节前后，我想我们的外贸可能会企稳回升，并且不排除在年底的时候，会有一个整体的外贸翘尾。

所以我对今年的整体外贸发展仍然抱有乐观态度，我认为只要疫情不出现巨大反弹，全年的外贸还是会有像去年一样的整体进出口的发展，也就是说外贸仍然可以达到6%左右的水平。

提出这个想法主要基于以下几个论点：

首先，我认为当前的经济，尤其是当前疫情，并不是像所有的人所认为的要跟大萧条相比，跟金融危机相比，有的人甚至提出是不是世界进入了新的经济衰退。有两个理由可以站得住脚，一方面，大萧条也好，经济危机也好，包括美国的次贷危机也好，这些的起因是不同的。那个时候的起因是内部问题，内部机体发生了问题，我们知道世界经济，有一个经由发展、生产，以及要素的平衡问题。机体出了问题是没法一时解决的；而这次疫情不是机体出问题，是外部的因素造成的，诱因不同，只要能把这点解决了，一切就迎刃而解了。

另一方面，我把以前的大萧条或者以前的经济衰退，看作一种慢性病。什么叫慢性病呢？就是积劳成疾，如果要解决也不是一蹴而就的事情；而这次疫情我认为就是一种急性病，要去医院的急诊科。

根据这个判断，我想我们国家整体的经济，也会从疫情过后第二季度很快恢复到正常水平，第三季度企稳回升以后又会提高，第四季度还有一个翘尾上涨。因此只要我们努力，只要疫情不反弹，全年经济就会保持6%的增长速度，全球的形势也不会像IMF或者世界银行估计得那么悲观。我认为，只要整体形势能稳定下来，经济恢复也是很快的，因为毕竟是外部的事情，而不是内部的机体造成问题，恢复的时间要比想象中快，因此全年的经济我认为是这样一个情况。

其次，疫情过后，全球的产业链和供应链会出现一个东移的现象，这个东移现象主要表现在四个方面：

这一次中国在全球抗击疫情中一马当先，在这方面做得好，而且最早发现疫情，最早采取果断措施，最早采取"封城"措施，成为全球第一个对抗新冠肺炎疫情取得了不起成就的国家；中国现在正在抓紧时间复工复产，全面进入生活工作的恢复时期，而其他国家的疫情来了。因此在这个情况下，大家看到了中国制度上的优势，它使中国举国上下同心同德战胜了疫情，这个非常了不起；那么疫情过后，对于全球产业链突然脱落甚至突然中断的情况，我们希望能够在一个地区、一个国家，甚至是一个市场，把完整的链组成起来。首选就是中国，因为中国稳、问题解决得快，这是一个主要原因。

第二个原因，中国有14亿人口的大市场，消费能力很高，对全球的奢侈品、高端用品、医药以及养老保健、健身体育等要求很高。自然地，投资的商人会把厂建在离市场最近的地方，也是我们所说的资本离市场越近效益就越高。这是产业链东移的第二个原因。

中国拥有联合国公布的制造业最全的门类，据统计400种全球生产的工业制成品中，中国在生产和出口占第一的有222种，这说明中国不仅门类齐全，而且从上到下是个完整的体系，其他国家无法与中国相比。此时，其他国家的投资者若想把制造业链条补上，只有到中国才能实现。大家都知道，我们骑自行车有自行车链条，这个链条补上是很不容易的。所以在这个范围，我们要有更好的思路，更好的理解。我想特别强调一下，低端的产业不等于落后的产能。什么叫低端的产业呢？比如我们生产口罩，中国这次口罩能够供得上，就能够挺得住，它不仅满足中国，

而且满足全球。试想一下，当初把口罩产业也作为落后产能淘汰的话，这次疫情怎么办呢？这是产为链东移的第三个原因。

我觉得非常重要的是，中国有着千万支从事加工贸易的高素质工人队伍。这些工人不仅有技术员，还有高水平的设计家，这都将为产业链东移创造有利条件。

综上，我个人认为整体疫情过后，生产链、产业链、供应链东移是势不可当的，中国应该做好这个准备。

与此同时，疫情也暴露了我们整体产业链在开放性、稳定性和安全性上有很大的漏洞和不足。比如说湖北是我们汽车零部件、变速箱、发动机、油路、电路以及通信设备的整体全球供应地。疫情发生链条脱落，不仅影响到韩国现代汽车，而且影响到大众汽车，影响到德国的汽车，甚至影响到美国。所有这些我们都要考虑，更重要的我觉得我们自己也要打造闭环的供应链和产业链。

在这点上面，我们应该有更好的理解。我们应尽快打造一条开放的、稳定的、安全的产业链和供应链，这是当务之急。

其次，先进的技术会在疫情过后大量地往东移。这个东移代表机械制造的全球产业群，一个是欧美的，一个是东南亚的，还有一个是中日韩的。高端产业集群会以亚洲为主，我不是说欧洲不行，也不是说美国不行，只是美国疫情暴露出产业链条脱钩的情况，耗费时间长也会很麻烦。而鉴于中国这种复工复产，以及中国体制机制的优势，往东边移更好。如果中日韩自贸区能够更快形成的话，那么对于高端的制造业技术东移会有更大的促进作用。

第三，我认为资本会向东移，已经明显看到了，像美国的得克萨斯州的美孚在惠州有一百多亿的乙烯项目，像德国巴斯夫在广州有一百多亿的精细化工项目，还有特斯拉项目，以及像在辽宁的宝马，等等。我觉得以后还会有大量的大项目，包括一些先进项目，连同资本一块向东移。

第四个东移我觉得很重要，那就是人才。现在中国是全球最大的市场，各路的高手、各路的人才都希望在这个市场上大显身手。

据此，我对中国下一步的经济形势充满了乐观，也保持着充分的信心。我相信疫情过后，中国会进一步改革开放，会打造出全球最佳的营商环境，会更加注重知识产权保护，因为今年也是我们新《外商投资法》实施的第一年。从目前来看，各省市都在努力吸引更多的外商投资，通过18个自贸区，通过沿海地区的开放政策，我相信今年的外商投资会比去年更好，甚至还有可能大幅超过去年的水平。

我觉得疫情过后，中国将是全球投资者首选之地，投资者看中中国的不仅是因为消费市场，更看中中国的改革开放，以及公开、透明、法制为基础的市场经济。

疫情后国际货币体系可能更加美元化

盛松成

在中央统一部署下，我国正加快形成以国内大循环为主体、国内国际双循环相互促进的新发展格局。同时，我国也采取有效措施，避免个别西方发达国家从贸易、金融、科技、人才流动等方面与我国渐行渐远。为此，我们不仅需要扩大对外开放，引进更多外国资金；也需要提升我国对外投资尤其是企业对外直接投资，推动中资企业"走出去"。

货币的双循环是实体经济双循环的支柱。资本账户双向开放和人民币的海外循环就是我国实体经济国际循环的重要保障和推动力，这就要求积极推进人民币国际化。全球新冠肺炎疫情暴发以来，我国经济率先复苏，国内金融市场总体稳定，利率、汇率改革取得显著成效。现在需要稳步推进资本账户双向开放，为人民币国际化创造有利条件，使我国

作者系上海市人民政府参事，中欧国际工商学院教授。

经济进一步融入世界经济体系。

一、新形势下需稳步推进资本账户双向开放

当前的资本账户开放，与2011年的内涵并不完全相同。自2009年推出跨境人民币贸易结算试点以来，境外人民币规模持续扩大。为增加人民币资金回流渠道，我国自2011年起逐项推出RQFII、沪深港通、直接入市、债券通、基金互认、黄金国际版等制度，吸引全球投资者用离岸人民币投资境内的资本市场。这些措施本质上是通过额度限制或资格限制，鼓励人民币在资本项下单向流入，从而稳定人民币汇率、调节国际收支。而当前国际国内形势发生了重大变化，所以应强调双向开放，不仅要"引进来"，还要鼓励资本"走出去"。

一是在新的国际环境下，要避免我国与世界经济脱钩，不能对中资企业两头"卡脖子"。

我国对外直接投资（ODI）规模在2016年达到顶峰后，已连续3年下滑。2019年，我国对外直接投资为977亿美元，同比下降32%，其中非金融部门对外直接投资为802亿美元，同比下降34%；今年上半年，上述两个指标分别同比下降4.4%和4.3%。尤其是对美国直接投资，在2016年达到465亿美元的峰值后持续下降，2019年仅为48亿美元。原因之一，是美国打压我国高科技企业，试图从生产环节入手切断产业链，或从下游入手，将我国企业排除在发达国家市场之外。原因之二，是我国当年为维持人民币汇率稳定而主动收缩对外直接投资。2016年11月28日，国家外汇管理局推出新规，资本账户下超过500万美元的海外支付，包括组合投资或海外并购等直接投资，必须上报市外管局批准（而

原来的报批限度是5000万美元）；之前已经获批的大型投资项目尚未转账的外汇部分也适用此规。

因此，面对贸易保护主义，我们不能再自己给自己"卡脖子"。稳步实施资本账户双向开放，推动对外直接投资，有利于规避部分国家对我国产品所设置的关税和非关税壁垒，带动国内相关产品出口，提高国际市场份额；也有利于直接吸收先进技术和品牌，完善中资企业的国际化布局，提高中资企业的国际声誉；还有利于获得部分发展中国家的人口红利。

二是当前资本加速流入我国的趋势正在形成，而近年来我国资本账户开放以"宽进严出"为主，需要适时地向资本账户"双向开放"转变，以缓解短期资金大量流入和人民币过快升值的压力。

以下几个主要因素导致目前我国资本流入压力较大。首先，中国与主要国家息差加大。发达经济体普遍降息至零利率或负利率，不少国家央行大幅扩表，而我国保持稳健的货币政策。目前美国联邦基金利率目标区间是0—0.25%，美联储资产负债表在短短半年之内从3.7万亿美元扩张到7万亿美元左右，距离10万亿美元已经不太遥远。相较之下，中国央行资产负债表几乎没有变化，我们主要通过降低存款准备金率来扩大货币乘数，从而维持稳健的货币政策灵活适度。其次，新冠肺炎疫情使我国与大多数国家经济走势出现分化。我国上半年GDP同比仅下跌1.6%，第二季度更是实现了3.2%的正增长。而发达经济体普遍陷入衰退，第二季度美国GDP环比下跌9.5%，英国下跌20.4%，日本下跌7.8%，德法等欧洲大国均萎缩10%以上。标普最新报告显示，截至8月9日，美国今年已有424家大型公司申请破产，超过了自2010年以来任何一年的同期水平；其中，工业和能源行业近100家，负债超过10亿美元的达

21家。这为中资企业海外直接投资和收购资源能源企业提供了契机。

从有关数据也可以明显看出资本流入我国的趋向，人民币也在短期内较快升值。2020年8月北向资金虽然是小幅净流出，但境外机构继续增持人民币债券，合计达到1370亿元。今年8月末中国外汇储备余额达到3.16万亿美元，较上月增加102亿美元，连续5个月上升，而全世界外汇储备总共11.5万亿美元左右。不管是美元兑人民币汇率还是人民币一篮子汇率，都表现出美元在走弱，人民币在较快升值。

三是人民币的海外市场需求日益增加，需打破只依赖经常项目输出人民币的"单条腿"方式，建立起资本项目输出渠道，共同扩大人民币的国际使用。

随着我国汇率形成机制日趋完善，人民币汇率主要由市场供求决定。合理推动资本账户双向开放，引导人民币以投资资本金的形式进行跨境支付，在海外形成长期资本，才能在离岸市场沉淀并循环起来，实现人民币的国际支付、计价、交易和储备职能。

二、我国资本账户双向开放的条件基本成熟

新冠肺炎疫情给全球经济和各国的金融市场带来巨大冲击，也是我国多年来金融改革效果的一块试金石。当前我国金融市场总体平稳，资本项目开放的条件基本成熟。

*一是利率市场化改革稳步推进。*中国的利率市场化改革始于1996年，银行间同业拆借利率放开，货币市场利率实现市场化。1996—1999年，通过证券交易所市场和银行间市场发行国债，债券市场实现了利率市场化。2000—2004年，外币的贷款和存款利率依次放开。利率改革的路

径是先外币后本币，先长期后短期，先贷款后存款。2015年，贷款、存款的利率上下限依次放开，采用贷款基础利率（LPR）报价。2019年8月，LPR报价改为按照中央银行政策利率（如中期借贷便利MLF、公开市场操作利率等）加点形成，这是利率市场化改革的重要进展。

二是我国已基本退出了对汇率的常态化干预。最近一年来，人民银行基本没有运用逆周期调节因子，而主要由市场供求决定汇率形成，人民币汇率基本平稳，日波幅未触及正负2%。人民币汇率已在一定程度上实现了清洁浮动。

三是人民币国际化持续推进。在2016年加入了SDR后，人民币相继被70多个国家纳为储备货币，2020年第一季度在全球外汇储备的份额增至2.02%，超过了在国际支付结算领域的占比1.97%。同时，人民币也成长为全球第三大贸易融资货币和第八大外汇交易货币。此外，"一带一路"作为我国联通国内国际的重要合作平台，已成为对外直接投资的新增长点。2019年我国企业对沿线国家进行非金融类直接投资达到对外直接投资总规模的13.6%；今年上半年提高至15.8%，为历史最高。

总体看，当前推动资本账户双向开放，虽然会出现资本流出现象，但内外利差决定了资金流出的规模将很有限；同时也能对冲掉"以邻为壑"的大水漫灌，有利于调节、平衡中短期资本流动，降低输入性通胀压力。

三、资本账户双向开放与防范资本流动风险并不矛盾

值得指出的是，资本账户开放是一项长期的制度安排，推动资本账户双向开放并不意味着放弃对短期资本流动的监管。

首先，从主要新兴经济体实现资本账户开放的经验来看，推动资本账户双向开放，反而有利于对之前游离于非正规渠道的资本项下的资金通过正规统计登记渠道进行有效监管。我国应完善跨境资本流动监管体系，遵循反洗钱、反恐怖融资、反逃税的原则，对流动规模、期限结构、流经渠道和流向领域进行全过程监测，特别关注和识别具有较强投机性的短期流动资金，以及投资海外房地产或高价值艺术品等大额资金。

其次，通过对资本流动进行测度（包括标准法、百分比法和阈值法），可以观察到跨境资本短期"激增""外逃"和"撤回"等异常状态，从而采取多种政策措施防范风险。例如，针对资本流入短期激增的状况，可研究借鉴冰岛曾在2016年对部分流入外资收取高达75%的无息准备金，韩国在2011年开始对银行非存款外汇负债收取"宏观审慎税"，税率随期限增加而降低等。

当前市场对我国资本账户双向开放风险的担忧主要来自三个方面。一是担心如果资本流动渠道扩大，短期资本会加速流入，热钱可能"激增"。对此，可以考虑实施上述"托宾税"或"宏观审慎税"，来限制资金快进快出的套利。二是担心资本外逃。资本外流原本是中性的。一旦其他国家利率大幅高于国内利率，资金就会流向海外，以获取更高回报。如果国内通胀上升、国内外利差扩大、恐慌指数提高等，资本外流可能转变为资本外逃。可见，资本外逃的根本原因是国内经济金融基本面恶化，而不是资本账户的适度开放。三是担心资本流出后再返回冲击我国金融市场。如上所述，受外资冲击的根本原因在于本国经济基本面。在1997年亚洲金融危机爆发之前，东南亚国家已出现了经济过热，泰国尤为明显。同时，泰国房地产市场泡沫和银行坏账十分突出。这才为国际资本攻击泰铢提供了机会。我国当前经济总体平稳。继续实施积极的财

政政策和稳健的货币政策，支持实体经济发展，坚持"房住不炒"，防范化解金融风险，同时防范输入性通胀，这些才是避免资本外逃以及国际资本冲击的有效举措。进一步协调推进利率市场化、汇率形成机制改革和资本账户双向开放，有利于实现上述目标。

总而言之，我国目前推动资本账户双向开放，是为了从资金层面支持配合以国内大循环为主体、国内国际双循环相互促进的国家战略，使我国经济进一步融入世界经济体系。同时，资本账户稳步开放是一项长期制度安排，在这个过程中应做好各项风险防范。

（本文仅反映作者观点，不代表所供职机构意见）

境外投资面临前所未有的风险与挑战

屠光绍

我就当前的国际环境下中国的境外投资谈一点个人看法。

一个趋势

近年来中国的对外投资无论是投资总量、投资领域和区域分布都增加和扩展很快，这成为国际非常关注的一个现象。从2014年开始，中国对外投资总额已连续六年超过一千亿美元。

这个趋势有它深刻的背景，随着中国自身的经济发展，需要更多地通过国际市场进行资源配置。同时，这也是中国深度融入国际经济、国

作者系上海交通大学兼职教授、上海交通大学上海高级金融学院执行理事、国际金融家论坛名誉主席。

际市场的重要体现。我认为中国的海外投资趋势既然有它深刻的背景，就很可能会是长期延续的一个现象。

当然，中国对外投资很多方面还需要不断地提升，在更好地和国际互动方面，还有很多工作要做，但是我认为趋势既然已经形成，就会不断发展下去。

两大动因

中国对外投资的发展有两个重要的动因在支撑。一个是中国需要全球。中国改革开放的发展过程就是不断地融入全球经济体系的过程。经济全球化是全球经济发展的共同需要，也是中国发展的重要机遇，对外开放的不断扩大，为中国参与全球经济合作和资源配置开拓了广阔空间。从商品出口到企业走出去和资本输出，经济的国内循环和国际循环相互促进，开放和改革良性互动形成了中国经济发展非常重要的支撑，对外投资在推动中国与全球经济的融合中发挥着越来越重要的作用。

另一个是全球离不开中国。中国的对外投资在国际上配置资源，当然对中国的自身发展起到重要的促进作用。但从全球看，中国的对外投资实际上也是为世界经济增长在做贡献。因为全球的经济增长需要全球贸易、全球的投资和全球的技术合作，中国的海外投资不光带去中国进入全球各地的产业和企业、资金和资源，这为当地的经济增长和就业以及社会福利提供支持，而且，中国的市场广阔，需求巨大，能与中国的对外投资形成互动。中国的海外投资对世界经济的增长和发展起到了重要的作用，从效果来看，应该给予全面的分析和评价。

三种风险

目前中国的海外投资以至全球的资金的流动、全球的跨境投资遇到三种风险。

第一种风险是近几年全球经济增长乏力，这次全球疫情更是雪上加霜。近几年全球性的经济下行压力非常大，经济增长幅度持续下调，今年更是受到新冠肺炎疫情的打击。

当然我们不光是要看经济增长数据，还要看到它背后是什么。那就是全球经济增长的动能在缺失，制约全球经济增长的很多结构性的深层次矛盾或者结构性的一些失衡非常突出，这使得现在经济增长、发展实际上面临很大的制约。所以跨境投资面临的经济增长态势会给对外投资带来一些不利影响。

第二种风险是保护主义。近年来这个因素引起了广泛关注，特别是今年的疫情又加剧了这种态势。保护主义的背后有各种动因，但是最后表现出来的是有些国家或者地区，采取贸易和投资的保护主义政策，从而对全球的贸易自由和投资便利形成了阻碍，使得全球经济合作遇到困难。

我们要对保护主义现象出现的原因做深刻分析。实际上，保护主义是逆全球化的具体表现，是全球化所带来的国际上国家地区之间发展失衡和一些国家内部不同阶层利益分化的产物。本来，全球化带来的问题和矛盾可以通过全球化改进来解决和协调，但有些国家却采取了只顾自身利益的保护主义政策，从而不但不利于问题的解决，反而带来新的国际经济合作的矛盾，既无益于自身，也有害别人。这些保护主义的手段，实际上限制和制约了跨境资本的全球流动，产生了对投资活动的制约和

压制，给全球的经济增长、结构调整带来阻力。所以对保护主义所产生的负面效应和影响，我们要给予充分的关注。

我们也看到，保护主义已经对中国的海外投资造成了一些障碍。比如现在中国的海外投资有许多可能就遇到所谓的安全审查。有些安全审查实际上透明度并不高，而且有很多并不是非常公平，它是对特定的国家制定的一些措施。对于本来是非常合理的投资活动、商业性的市场行为采取了非市场的限制方法，形成了中国海外投资新的风险。

逆全球化实际上综合反映就是对长期形成的国际秩序，比如贸易秩序、投资自由流动的制约。现在逆全球化不光是一种思潮，保护主义、单边政策以至霸凌、极端行径的具体表现对全球的经济合作、全球的贸易和投资都会造成极大的损害。

第三种风险，全球的宏观政策对全球投资带来挑战，或者说对全球投资产生了一些不确定性的影响。

2008年全球的金融危机之后，各个国家采取宽松的货币政策，从一个方面来看，货币宽松在2008年全球金融危机之后，用来对冲或者抵御经济增长下行压力当然有合理性，但是由于各国特别是主要经济体实行持续宽松的货币政策，使得宏观经济环境出现扭曲。这种宏观环境会给跨境投资带来极大的不确定性。疫情全球蔓延，美国等主要经济体实行了极度宽松的货币政策，"大水漫灌"、零利率以至负利率、全球债务高企、资产价格波动等对全球投资和资产管理都带来重要影响。

我们把视角拉到当前的疫情对我国海外投资会产生的影响。我觉得对疫情的分析要纳入大的、全球的环境里面来考察。

一个方面，非常明确的一点就是疫情过后全球都面临着经济的稳定和复苏，市场上有很多投资的机会。疫情对经济是一次重大的冲击，致使全球经济陷入衰退。各国怎样能够在稳定经济、经济复苏过程中，更好地利用好跨境投资，这是大家都会关注的。

我觉得这次疫情对于中国的海外投资来讲会创造很多的市场机会，这个时候有很多资产可能已经成为我们所说的"便宜货"。有一些值得投资的项目，还有一些投资标的，肯定是有很大的市场机会的。所以从市场需求来看，中国的海外投资也面临着这样的机遇和机会。

另外一个方面，疫情尚未结束，我们担心还有另外一种"疫情"，就是在经济活动过程当中，在国际的经济合作过程当中，在国际贸易和投资过程当中的"疫情"。新冠肺炎疫情蔓延之后，有的国家出于自身短期利益考虑，在开放和维护国际贸易投资秩序方面调整了相关政策。我们看到违反经济和市场规律所采取的一些非经济的手段，比如说像以国家安全的名义采取的一些举动，会极大地阻碍全球贸易自由和投资便利，对全球的产业链、供应链的格局，甚至对全球化下一步形成一些重大制约，产生消极的负面影响，这需要引起全球的高度警惕和关注。这对中国的海外投资也会产生很大的挑战。

四个注重

如何适应国际环境和国内发展需要做好下一步的海外投资，我认为有四个注重。

第一个注重，要从我自己干向合作方式转变。要和全球的合作伙伴，特别是投资所在地的合作伙伴进行合作。向合作方式转变就必须要找到合适的合作对象，同时要有合适的合作方式，而且要能够实现合作的互利共赢。只有这样，中国的海外投资才能既发挥中国的优势，同时也使

得中国的海外投资更好地和国际合作对象优势互补，实现互利共赢。

第二个注重，单个项目和产业链、生态系统结合。单个项目再好，也需要产业和环境配合。如果我们更多地注重产业链、供应链的配套和生态系统，那么我们的投资不光稳定性更好，综合效益也会更高，而且能够形成更好的循环，这方面，近年来的"组团"出去、投资的产业园区等都是不错的方式。

第三个注重，要让"走出去"和"引进来"互动。中国现在是引进海外投资的大国，同时到海外去投资也是大国，所以我们叫作"走出去"和"引进来"并存。今后我们应该促成它们的互动。

如果我们"走出去"和"引进来"的主体、资源、平台和项目之间能够形成很好的互动，那么不光能够提高"走出去、引进来"的水平，而且通过互动能够相互地支持、相互地促进，从而得到更好的双向效果。

第四个注重，从过去只是简单地注重经济效益，到要更多地注重ESG投资。ESG的投资大家知道，E就是环境，S就是社会责任，G就是公司的治理。

ESG投资现在已经变成国际的趋势，中国的企业要走出去进行海外投资，必须要参与到国际的大趋势里面才能有共同的语言，才能有共同的理念。特别要强调的是，ESG它不光是一个理念，它本身是一种投资的实践活动，而且通过各种分析已经证明了，ESG投资不但是一种社会责任的问题，而且也能够带来更好的、更稳定的长期的收益，所以我们要顺从、要参与，特别还要引领今后国际的趋势，更好地在投资的理念和方式方面，来用好ESG这个国际潮流，用国际"语言"讲好中国故事。

所以，我觉得这是我们下一步海外投资在这四个方面要注重做好的。只有这样我们才能够更好地抓住机会，同时又能够应对我们当前在海外投资上面临的一些挑战，规避或者是防范新的风险，取得更好的效果。

全球货币政策及 我国货币政策未来走向

刘元春

在新冠肺炎疫情的冲击下，特别是在2月9日意大利采取"封城"举措之后，疫情在整个西方发达国家全面蔓延，这直接引起全球市场大震荡。特别是2月9日到3月25日期间，全球金融市场的超级大调整，使我们见证了几个史诗级的大变化。

第一，美股在10天之内连续4次跌停；第二，全球的主权债务、全球的政府债券收益率大幅度下调，其中德国国债收益率出现负增长；第三，整个石油价格从年初的60多美元一直下挫到20美元左右，石油期货出现负价格。

作者系中国人民大学副校长。

欧美政府债务已触及上限，财政赤字货币化现象出现

这些震荡直接导致美联储、欧洲央行、日本央行等全球九大核心央行同步采取超级宽松货币政策操控模式。这种模式下，我们看到全球央行正在实施三大举措：第一，零利率政策开始在全世界普及化。美国、日本以及英国等国基准利率基本向零利率迈进，甚至出现政策性利率为负的现象。第二，主要发达国家采取无限量宽松政策，直接导致主要央行的资产负债表急剧膨胀，其中美联储资产负债表从疫前的不足4万亿美元，直线飙升至6万亿美元。这样带来的直接结果就是中央银行全面进入金融市场，通过资产收购等方式向整个金融市场注入流动性。第三，提供大量抵押性贷款，为各个中小企业、经济主体进行疏困，提供全面的救助。

现在我们所看到的发达国家采取的货币政策是前所未有的，史诗级的超级对冲和超级宽松。与之相对应，中国的货币政策也进行了全面的调整。疫情暴发后中国货币政策的调整内容主要包括以下几大方面：第一，进行全面以及不对称降准；第二，进行降息；第三，扩大货币供应量和贷款供应量，通过再贷款、贴息贷款以及抵押贷款等举措进行定向救助。那么目前中国围绕疫情救助和疫情后经济复苏所注入的货币总量规模已达4万多亿元人民币。

对比两种模式我们能看到，欧美模式与中国模式在货币政策上的定位出现了很大的偏差。因此很多市场人士就会思考一个问题：中国的货币政策是不是步调太慢，力度不够，不足以解决目前新冠肺炎疫情对中国经济，对中国金融所产生的冲击。首先，提出这个疑问是非常有价值的，为什么？因为我们必须要弄清中国疫情及疫情管控政策与西方疫情和西方管控模式的差异，了解疫情以及疫情管控政策对经济、金融产生冲击的方式，才能真正理解我们到底该采取什么样的货币政策。

中国不能简单复制欧美超强度的货币宽松政策

在解答这个疑问的时候，必须要把握住几个点，首先，新冠肺炎疫情对欧美的第一波冲击来源于对疫情预期的极度变化，这种极度变化使欧美金融市场所存在的固有问题全面显化，从而导致欧美金融市场出现史诗级的市场大震荡。那么要对冲这种震荡，特别是震荡所带来的流动性枯竭所带来的群体恐慌，需要全球的央行向金融市场注入充分的安全资产，在极度恐慌的环境下这个安全资产就是美元。在非常规、超级宽松的货币政策下，常规货币注入模式一是量不够，二是对冲的针对性、目标性不够。所以美国选择采取零利率加无限度量宽，再加上2.5万亿贷款支持这样的货币政策，这与美国市场的震荡密切相关联。

其次，我们也会看到，对冲疫情对金融市场的冲击与各国的管控模式相关联。在欧美这种社会结构、经济结构下，政治家在目标函数的约束下平衡是救经济还是救人。这样的平衡关系决定了欧美国家会以货币政策打头，而不是简单的财政政策来打头。当然更为重要的是，欧美的财政政策空间是有限的，政府的债务率已触及其上限，通过财政政策全力救助可能存在问题。我们看到，欧美对冲政策中一个很重要的新变化就是财政赤字的货币化——通过央行大规模购买政府债券，大规模注入流动性，来配合财政扩张，才能使扩张性财政政策有效实施。

最后，回过头看中国，我们会发现，第一，疫情在严格防控的模式

下并未带来海啸级的金融震荡，中国的股票和债券市场也未出现流动性枯竭的危机。因此我们在货币政策上，不必采取欧美这种模式进行对冲。第二，在疫情严控期，停工停产使经济社会暂时停摆，但疫情管控取得阶段性胜利之后，我们在复工复产过程中，更多是采取供给侧的扶持和帮扶。这种帮扶财政政策是先导，而我们恰恰在财政政策上有很充足的空间。2008年、2009年这种大水漫灌的货币政策模式给我们的市场秩序带来了很大的冲击。因此大家有一个共识，利用大水漫灌来对冲疫情影响是难以达到我们既定的目标的，我们的政策组合应是更加积极的财政政策加上灵活适度的货币政策。这种组合既适应我们的冲击特性，又适应我们的政策空间，也适应我们的这种决策模式。目前货币政策的定位，与中国经济的运行和疫情的防控是相契合的。简单复制欧美超强度的货币宽松政策，对中国经济的复苏和疫情防控，并不是有利的。

警惕二次停工停产风险　财政政策和货币政策应进一步加码

当然，在中国经济循环常态化之后，我们将面临更多的问题，为对冲这些问题，我们的货币政策需要有一个再定位、再调整。其原因在于很多问题在复工、复产、经济循环常态化的过程中才会显化，比如就业问题、边境人群的生存问题、大量中小企业持续性复工持续性经营的这些问题。在这样一个过程中，我们会看到，第一，疫情的持续蔓延依然会给经济带来一系列压力；第二，全球疫情的蔓延以及全球经济的持续低迷，会对我们的外需、产业链、供应链带来超级的冲击；第三，我们还要面临下一轮金融震荡的冲击，特别是世界资本流动、汇率调整对我们的冲击；第四，我们还要面临传统的周期性问题、结构性问题等；第五，复工复产之后我们面临着有效需求大幅度的下滑，那么我们就必须要对冲它，不然就可能使大量企业在复工复产后出现第二轮的停工停产。因此财政政策和货币政策都要进一步加码。

经济运行的金融成本仍然高居不下　在利率上应该做大文章

第一，货币政策要积极配合更加宽松、更加积极的财政政策，要在资金上进行定向的帮扶。第二，我们要在资金成本上，为财政提供这种成本的支持，为我们经济主体这种非常态的经济运行提供资金的支持。我们看到第一季度GDP增速为负6.8，但银行业的增加值依然是6%的正增长，我们整个金融行业的利润依然保持良好的增长态势。这就说明我们整个经济运行的金融成本还高居不下。要降低金融成本，在利率上应该做大文章。虽然我们下一步货币政策并不是采取大水漫灌和数量型的这种全面宽松，但是我们应当在价格方面做足文章，在利率上面要有明显的调整，使大量的企业在资金成本、财务成本上能够轻装上阵。

因此我们当前的货币政策是适宜的，但是为了对冲未来五重下行压力的叠加，货币政策必须进行再调整、再定位，要明确地向宽松方向进行变化，更加积极的财政政策要进行深度的配合。

收缩型经济新常态与资本市场的变化

管清友

涉及资本市场，今天我想和大家一块交流一下收缩型经济新常态与资本市场的变化。

反对"风口论"：猪，它就是猪，成不了孙悟空，飞上天它也得掉下来

我看到我们这场论坛的议题里也提到了"资本市场会风口"这个概念，其实这几年我对"风口"这个词有点抵触，过去有企业家说，"风口来了，猪都能飞上天"。实际上我们经历了这几年的起起伏伏之后，特别是2015年的股灾、2016年的债灾，以及2017年以后的金融强监管，都

作者系如是金融研究院院长、首席经济学家。

告诉我们一个非常浅显的常识：猪，它就是猪，成不了孙悟空，飞上天它也得掉下来。所以，第一个，我觉得与其谈论风口，不如谈论哪些是确定性的赛道。

经济运行新变化："收缩型的经济新常态"的三个特点

谈到资本市场的演变，我们要重新去梳理经济运行的特点发生了哪些变化。如果说一定要说出一个特点的话，我想可以用一个词来形容——"收缩"，我把这称为"收缩型的经济新常态"，大概有三个特点：

第一，出现线上化。我们今天在这样一个场合，用这样一种形式来开会，也是线上化一个具体的体现，我相信大家也都逐渐习惯了这种线上化的工作和生活方式，未来这种情况会常态化。

第二，企业之间的分化会越来越严重。过去几年，我们看到企业之间的分化已经非常严重，无论是实体经济还是股票市场，龙头企业和其他一般企业之间的分化非常明显，疫情以后这种分化恐怕会继续加剧。

第三，中国的新消费群体会出现很大变化。过去的波浪式的、排浪式的消费，包括我们看到60后、70后他们消费的特点，他们成就了这轮经济的高增长。未来会出现一种什么状态？今天我们可能还很难给这个"未来主流的消费群体"命名，但日本其实给我们提供了一个经验。

经济低增长下的典型消费群体：日本的"团块二代"

在日本泡沫经济破裂以后，出现了一个很有意思的群体，日本人称之为"团块二代"。什么"团块二代"？这要从日本在1945年二战结束以

后说起，大概是在1946年、1947年，迎来了一波生育高峰期，这波生育高峰的后代大概出生在70年代初，这批人也被称之为"团块二代"，他们大学毕业以后，正好赶上日本90年代以后经济泡沫破裂的状况。他们遇到的情景就是，接受了很好的教育，但是工作机会少了，收入的增长低了，甚至收入减少了，因此他们的消费行为发生了很大的变化：开始变得更宅，开始变得很佛系，不愿意结婚、不愿意生子，机会也变少了。

所以，中国未来可能有相当一部分消费群体有"团块二代"的特点。同时也会出现日本人说的"三和群体"，他们还称其为"三和大神"。最初出现在名为三和的这个地方，很多人在那里找工作，他们找工作有一个特点，就是干一天就休息，整个未来一周、一个月就不干活了。

随着我们的经济增长步入低增长状态，特别是疫情的冲击，我们会看到这个所谓的就业群体也好，很多人称之为零工群体也好，可能会出现日本当年的这种情况，就是"三和群体"。这其中还会有几个特点：

第一，从投资这个角度，很难再去赚到泡沫的钱，不像在过去十年中能够从金融的泡沫里头赚到钱那样容易；

第二，企业经营越来越讲求实惠、实用，要提供性价比好的产品和服务；

第三，人们生活方式发生变化。后疫情时代，或者说疫情叠加上经济进入低速增长时代，人们的生活方式会发生非常大的变化，生活变得很简单，社交变得很简单，原来很多无效社交、无效的通勤都会被去掉。从精神状态来讲，人们开始寻求新的文化作品、影视作品，寻找所谓的精神导师，人们开始重新思考生活的意义、人生的意义。因为经济环境变了，收入的增长变了，倒逼人们重新思考这些问题，日本当年也出现过这种情况。比如宫崎骏这批漫画家就是泡沫时期活跃起来的，在萧条时期他们成为很多人的精神导师，日本不少政治领导人也都是一些漫画家的粉丝。

未来资本市场的两大确定赛道：消费和科技

回到咱们今天讨论的这个主题，到底哪些是"风口"，或者用我的说法，就是哪些是比较确定的"赛道"？应着这种经济运行态势和后疫情时代的环境，我想有两个是比较确定的。在资本市场大家看得比较清楚的就两块：一个是消费，一个是科技。

这个笼统来说有点大，简单来讲，在消费领域值得投资的一定是像优衣库、无印良品这样的企业，它的特点是什么？产品不贵，能够严格地控制住成本，同时它的产品最大的特点就是性价比非常好，泡沫时期人们是不买这种产品的，因为觉得太掉价。但是当收入锐减甚至收入出现负增长的时候，人们觉得性价比好的产品和服务是最值得的，人们的生活变得越来越简单，人们也不去追求那些所谓的浮夸和奢华了，所以我觉得消费领域实际上是一个实惠型企业的天下。到现在日本的首富仍然是优衣库的老板，为什么？它还是得益于日本经济的长期低迷。

第二类就是科技类的企业。科技类的企业我个人觉得，其实是可遇不可求的，这里有很大的不确定或者说很大的运气成分，不可能指望现在科创板上接近一百家的企业都成为Facebook，都成为亚马逊，也不可能指望每个企业家都成为马斯克，换句话来说，这种科技类企业无论从它的创始人还是它的科技公司本身最终能够成功，都是个极小概率事件。所以，这两个赛道虽然明确，但它的特点是不一样的，消费领域如优衣库，

投资者相对来讲更容易选到，但是对于科技型的企业，带有技术性和非常大的思想的跃升性特征的企业，其实是比较难找的，这是要靠运气的。

中国下一轮的改革：真正的牛鼻子是要素市场化改革

我们今天讨论资本市场，大家更关注股市。前不久中央出了一个非常重要的文件，就是关于生产要素的市场化改革的，应该说是一个纲领性的文件，非常重要。我自己也认为中国下一轮的改革，真正的牛鼻子就是要素市场化改革，这一点业内都有相当大的共识。

股票市场作为资本市场非常重要的组成部分，资本又作为重要的生产要素，应该说股票市场能否搞好，确实牵动着整个生产要素市场化改革的全局。股票市场应该说成绩很大，问题也很多，我们最近也看到监管对于境外投资者限制的放开，新REITs的推出，包括新三板的分层等一系列举措，利好非常多。这方面我们看到监管层实际上是从资金方这个维度做了大量的工作。但是同时我们也应该看到，股票市场真正要解决的是什么？是供给方，从供给方来说，上市公司要能够得到公允定价，好公司有好的定价、好的估值，差公司也不要紧，有比较低的定价和估值。要解决这个问题，就需要我们在监管、发行、交易等一系列的问题上真正地出真招、出实招。

目前股市的问题：监管的行政化，发行的计划化，交易的投机化

目前股票市场总体的一个特点是什么？我们几乎是用一个计划经济

色彩最浓厚的方式或者办法，在管理一个市场化程度最高的领域，这是我们面临的现状，要客观承认这个现实。它的基本特点是什么呢？监管的行政化，发行的计划化，交易的投机化。如何通过发行制度的改革、交易制度的改革，尽量去规避这种问题呢？这才是我们真正要讨论的治本之策。

私下里我也和很多朋友讨论过，是不是我们就像搞不好足球一样，搞不好股市呢？很多人感慨，为什么英美法系之下，他们的股票市场相对来讲就比较规范呢？当然我们也可以找很多理由，比如我们的股票市场毕竟只有30年的历史，还有很多不规范的东西，整个治理体系还确实不适应。但无论如何，我想强调一点，就是我们要正视现在存在的问题，同时如果你要真正地从要素改革这个维度去推动股票市场的改革的话，可能要承受一定的阵痛，同时可能要让渡很多利益，很多部门要让渡很多利益。这个时候在这之前要进行比较好的风险教育。比如，我们正在把发行制度从核准制向注册制推进，这个非常重要，并且这里面也是有风险的。

从交易的投机化这个角度来讲，目前市场上关于如何落实新《证券法》，大家争论的一个很具体的问题：要不要放开T+0，要不要放开涨跌停限制，双方辩论得不亦乐乎，但这没有所谓的正确答案，最后还得从监管层的角度来看能承受多大的风险和阵痛。一旦放开以后，由于中国市场的成熟度和目前的监管体制，市场的波动性一定是巨大的。

有人举了一个可能不太恰当的例子，现在韭菜是一年之内慢慢地割完，如果实行T+0，放开涨跌停限制，那一天就割完了。当然这话不一定合适，但实际上它反映了我们市场的基本情况，是什么呢？就是在推进改革的过程当中，要做大量的风险教育，同时要承担阵痛。

　　最后，我也衷心地期望凤凰网财经能在这个维度上多呼吁，收集各位专业人士更多的好的建议，为中国资本市场，为中国要素市场化改革，也为中国未来新的经济环境能够可持续、稳健地发展贡献力量。

第三编　发展新格局

疫后经济重启一揽子的宏观政策

刘　俏

我想跟大家简单分析一下我对疫情影响的判断，同时重点剖析这次疫情对中国经济可能影响比较深的三个领域，消费、中小微企业和就业。最后提出一揽子的宏观政策方案。

这次疫情大家可能都比较了解，我们的认知是一个逐渐的过程，基本上大家认为新冠肺炎疫情是一个自然灾难。大隔离的实施，使得以社交接触为基础的经济社会活动几乎处于一种停顿状态，从而带来经济社会生活的巨大损失。

我们看到第一季度中国GDP下滑6.8%，美国GDP下降4.8%。这种情况下，我想可能我们对这个性质的认知会发生根本的变化，它跟过往2008年的金融危机，甚至1929年大萧条不太一样，不是因为经济或者

作者系北京大学光华管理学院院长。

金融体系的内生问题导致的危机，而是纯粹由自然灾难形成的外部的重大冲击。

这种情况下，我们政策基本的出发点就是尽量采取一些比较及时有效的宏观政策去对冲危机带来的风险。我们也看到美国和欧盟国家，还有亚洲的一些国家或地区，陆陆续续出台了一系列的以财政政策为主导的经济复苏或者救援政策。美国的整体方案规模是2.5万美元，基本上达到GDP的11%以上。欧洲其他国家的力度也非常大，而且速度非常快。

中国怎么去应对新冠肺炎疫情，同时重启我们的经济活动？可能我们需要有比较大力度的政策去应对外生冲击对经济生活带来的伤害。

从这个角度讲，我觉得可能应该及时有效地出台一些政策去应对疫情对我们经济生活各方面，特别是就业、中小微企业，还有消费所带来的冲击，通过这种方式为疫后的经济复苏夯实基础。

我想给大家简单分析一下，为什么这一轮的新冠肺炎疫情对消费、中小微企业和就业三个领域冲击特别大，这三个领域是我们在思考政策逻辑的时候需要特别关注的。

先看消费。去年中国经济核心逻辑的一些变化，消费已经变成经济增长最重要的一个推手。2019年消费拉动GDP57.8%的增长，这就意味着中国经济从这种高速增长、投资拉动的增长模式，转向高质量发展的过程中，消费所扮演的作用越来越重要。

这一轮疫情带来的一个变化在于，外需环境在恶化，同时全球供应链面临中断的危险。所以这种情况下增加内需、增加消费，可能对疫后经济复苏意义更大一些。

此外，还有中小微企业和就业的问题。统计局第一季度公布的失业数据存在一些滞后性，里面可能有大量的还没有真正复工复产的农民工。同时很多企业虽然复工了，但是没有复产，这里面还存在很大的隐性失业的风险。

光华管理学院的卢海教授团队用智联招聘的数据做了一个基本的分析，今年的一、二月份跟去年同期相比，新聘的职位数、新招聘的人数下降幅度都在30%以上。从行业分析或者做跨企业的分析，会发现民营企业对就业的需求下滑幅度非常明显，小微企业特别是中小微企业和个体工商户的需求下降的幅度达到40%以上。

上半年，我们已经陆陆续续出台很多着眼疫后经济重启、扶持中小微企业的政策。但总的来讲，大家的感受还是觉得政策的力度不是特别大，有点碎片化。这种情况下，大家呼吁在未来一段时间，扶持政策应该更加果断一些，下更大的决心，推出一些力度更大的政策出来。同时把政策的施力重点，应该放在中小微企业、消费和就业上。

首先，疫情暴发之后，在货币政策方面力度还是比较大的。到5月中旬，央行出台的中长期信贷相关的流动性释放，基本达到3万亿人民币的规模，而且这3万亿元人民币基本都是基础货币。考虑到货币乘数效应，大概我们如果说货币乘数是5倍的话，也就意味着，其实整个货币政策释放的流动性，基本上已经达到了15万亿元人民币。

但为什么整个实体经济感受不是特别明显？我想后可能主要的原因是货币政策的传导机制不是特别通畅。这种情况下，央行释放的大量的流动性并没有惠及中小微企业，没有解决消费不振的问题，同时对就业的扶持力度不够。

其次，在财政政策方面，中央政府和地方政府在疫情暴发的头三个月密集出台了很多政策。粗略统计，国家层面上有200多项政策，地方政府层面有800多项政策。但总体来讲，政策比较碎片化，落地的情况

也参差不齐。所以合在一起后，虽然政策出台得很多，但大家感觉力度好像不是很大，而且政策目标的明确度不是特别高。

这种情况下我们也提出了一些建议：一是推出力度更大的以一揽子财政政策为统领的宏观政策组合。我们估测这一轮财政政策按照我们的建议，可能整体规模会达到4.86万亿元人民币。其中包括几个维度：比如消费领域，我们建议可以采取一种双重的消费激励方案。对低收入群体、对因为疫情受到冲击的失业群体，甚至包括疫区的民众，可以采取发放现金券的形式。

我们大概统计了一下，如果个体发放1000元人民币的话，那么大概将近2600亿人民币，它包括低收入群体，也就是人均月收入在3000人民币以下的群体，以及在疫区的一些民众。

我们现在的互联网渗透率接近70%，如果说达到发达国家互联网渗透率的水平，基本上还可以再将2亿人纳入上网群体。这个过程中，可以通过套餐补贴甚至手机补贴的方式，把这个群体纳入数字经济体系。

一方面，对未来经济社会的进一步发展、对扶贫都有很大的意义。通过这种方式把低收入群体或者弱势群体纳入整个生态文明体系里面，这背后带来很大的未来成长机会。

我们经过简单测算，财政投入1200亿元到1400亿元就基本上能为2亿人提供智能手机和流量套餐，他们通过这种方式进入数字经济体系，互联网平台和民政部门协同起来分享数据，低收入群体就可以被识别出来。

另一方面，我们通过大量的分析和试点发现，针对城市居民尝试大规模的消费券发放效果非常好。我们以杭州今年3月27日和4月3日两轮消费券的发放情况做简单的分析，来判断一下消费券的发放本身到底对消费的激励作用、刺激作用有多大。我们发现整个消费券的实施效果非常好，在杭州，政府1元的补贴，能拉动3.5元新增消费，边际消费倾向3.5倍。

如果能在全国范围之内，有一个规模上的统筹，同时推荐一些比较好的做法，那整个疫后经济重启阶段，对拉动消费会带来很大的推动作用。假设在全国范围内发放5000亿元的消费券，用杭州3.5倍新增消费的杠杆效应来计算，基本上可以拉动整个社会零售总额的4.25%。

我们希望在国家层面上，可以统筹像中央财政的资金或地方财政的资金，同时鼓励地方政府探索一城一策的做法。

关于基础市场主体环节，我们发现中小微企业缺乏针对性的支持政策。虽然货币政策通过再贷款释放大量的流动性，但是因为货币政策传导机制不是特别通畅，这种情况下中小微企业感觉受益的程度还是有很大的认知上的落差。

我们建议成立中小微企业的稳定基金，通过财政发行特别国债的方式，直接给中小微企业提供贷款。如果由财政来承担大比例的信用风险，比如70%的信用风险，由商业银行来承担剩下的信用风险，通过这种方式，可以把财政的资金更好地通过商业银行落实到中小微企业。

具体操作上，可以将贷款支持分两个层级，比如50万以下可以免息，50万元到1000万元根据基准利率，这样就可以比较精准地给中小微企业提供资金支持，让他们能够渡过疫情的冲击，为疫后的经济复苏打下比较扎实的基础。

跟这相对应的，针对出口部门肯定也需要专门的支持。因为这次疫情比较大的一个冲击在于对全球供应链正常经营情况的冲击，同时整个外需环境现在恶化程度比较明显。虽然整个出口部门在中国经济中，所

起到的作用最近几年比例上有所下滑，但总的来讲，它对就业、对整个GDP的拉动还是有相当明显的效果。这种情况下，如果大面积出现出口企业倒闭，可能我们未来长期的经济增长，一些地区性的失业问题，都会埋下很大的隐患。

这种情况下，我们希望国家层面上通过财政政策，比如说通过发行特别国债或者是财政直接拨出一笔资金，大概5000亿元人民币，通过这种方式直接支持这些出口企业。在这里面也可以安排一些低息贷款，可以成立一个或多个部门统筹的决策机构，来识别对我们产业链重要性比较高的部门或者地区的企业，按照序位来进行支持。这对我们未来保护产业链、保护中国制造业的话，意义非常大。

另外我们也提到新基建，据测算新基建按照国家现在规划，2020年投资规模约为3000亿元。我想可以依照国家信用，通过发放新基建专项债券的形式，同时也可以考虑通过REITs，不动产投资信托基金这种方式，来解决这方面的资金需求。特别在4月30日，证监会和发改委通过公募REITs的试点通知，为未来我们探索用市场化的资金来承接新基建的一些项目或者基础建设的一些项目提供了很多可能性。可能在未来一段时间，应该作为政策试点的侧重领域。

同时，我们也建议在一些重大的关键领域加大有效投资。一方面，这次疫情让我们看到中国的公共卫生体系在投资方面还有很大的缺口，所以我们希望能够用财政提供将近一万亿资本金，来促进疫后公共卫生领域体系的建设、产能的建设。另一方面，针对老旧小区、租赁住房，做出一些投资上的安排。我们简单测算了一下，比如说小区改造，在2020年可能涉及的资金达到2600亿元人民币，同时如果我们推进4000亿元人民币的租赁住房这样一种投资的话，合在一起之后，这一块的新增投资大概是6600亿元。

同时可以考虑发行特别国债，可能有2万亿空间。我们赤字率其实不高，去年是2.8%，如果今年能够提高到4%，那么也意味着可以新增1.2万亿元的财政资金进入疫后的经济重启。同时，住房公积金的结余可能还有8000亿元，如果出台一些关于住房公积金的改革方案，把结余资金导向供给端，支持老旧小区改造、租赁住房的建设，我们测算空间可能有4000亿元人民币。

前面提到，REITs的试点会引导市场资金进入基础设施建设领域里。现在整个基础设施的资产的存量规模超过110多万亿元人民币，假如说有1%的资产能够被证券化，能释放出资金在万亿元人民币以上，所以未来发展的空间非常大。

最后再讨论另一种可能性，国家可以划拨持有的上市公司股权部分。经测算，假如说10%的国有企业的股权统一划拨，大概能够释放出2.75万亿元市值，根据去年分红比例，今年分红收益可以达到600亿人民币。这些合在一起之后，其实为我们的疫后经济重启提供了很大的资金保障。

简单小结，基于目前对疫情的认知，它确实是百年一遇、对整个经济社会生活带来极大外部冲击的自然灾难。这种情况下，应该及时果断地出台力度更大、有针对性的宏观政策组合。这个规模应该提高，而且时间点越快越好。

疫情冲击下的中国经济新结构和新风险

黄益平

关于中国经济前景问题，我想分享三点看法，或者说我的观察。

一、这次疫情对经济的影响

这一次的新冠肺炎疫情带来的是一场全球性的公共卫生危机，各国经济的各个部分都受到非常大的影响。我个人的看法可能和大多数经济学家差不多：最严重的冲击可能在中小微企业。

从全世界各国的经济政策可以看出，以美联储为例，上一轮全球金融危机时，美联储和美国财政部的政策力度非常大。但他们主要支持的，是所谓的系统重要性的金融机构，并提供了很多流动性以支持整个市场

作者系北京大学国家发展研究院副院长。

和系统。他们主要的关注点是不要发生系统性的崩盘。这一次美联储的政策同样是力度非常大，很快把利率降下来，甚至提供了几乎是无限购流动性的支持。但有一个非常大的变化，上次支持的重点是具有系统重要性的金融机构比如"华尔街"，而这次的重点放到了中小微企业，放到了老百姓身上。

我国也有类似体现。当然，上一次我们也没有遭遇系统性的金融风险，我们的金融机构也还是很健全。这次虽然各个部门、机构都遭到了非常大的冲击，但中小微企业受到的冲击尤为突出。我在过去几个月一直呼吁，我们要把政策的重点放在支持中小微企业上。原因很简单，我国的中小微企业的规模非常大，数量非常多，对经济的贡献非常重要。它贡献了GDP的60%以上，对城镇就业贡献了80%以上，这两个加在一起，可以说如果中小微企业出现问题，就可能演变成一个系统性的问题。

中小微企业倒闭很常见，比如我国中小微企业平均寿命是5年左右，即每年有20%的中小微企业倒闭，这是很正常的。但我比较担心的是，如果一大批中小微企业在经济复苏之前，由于特殊的冲击一下子一起倒下，那么很可能会演变成大批的中小微企业倒闭，大量工人失业，甚至出现大量不良金融资产，这三者之间会形成一个恶性循环。果真如此，最后很可能变成一个系统性的问题。

今天看待我国的中小微企业的问题，其实并不是关注每一家企业会怎么样，更多关注的是一个系统性的问题。在这一轮疫情中，确实很多中小微企业受到的冲击相对较大。比如，疫情最开始我们对疫情最严重的城市采取封城措施，并采取隔离政策。对很多中小微企业来说，有几周甚至几个月没有营业收入，以至于业务基本停滞下来了。与此同时，开支却没有停下，这样对其现金流会造成很大冲击。

过去企业退出了，主要是资不抵债从而破产，但如今这种大型的公共卫生危机，冲击突然而至，发生的并不只是资不抵债，而是流动性的现金流的断裂。如果现金流断裂，企业持续不下去，就会出现系统性的问题。这就是很多中小微企业在过去这一段时间所遭遇的大问题。我们关注他很重要的原因是因为他很可能是系统性风险的一个源头。

支持中小微企业的背后其实还有更重要的含义。中国城镇就业80%以上是中小微企业贡献的。如果中小微企业出问题，很多老百姓的生活是要出问题的。支持中小微企业在一定意义上也是为了支持社会稳定，这一点我觉得非常重要。在过去这段时间，央行、财政部，确实也采取了很多措施，比如货币政策，降低利率提供流动性，甚至直接给中小微企业提供信贷流动性，这些都是直截了当的，跟美国、其他国家的央行的政策没有太大差别。当然我们流动性的提供在力度上相对来说比较节制，和欧美的政策可能有一点差别。财政政策的做法可能也有差别，比如中国的财政政策在这一段时间可能对经济有帮助，可能对小微企业有帮助。最重要的有三大政策，第一个是固定资产投资，第二个是减税，第三个是公共卫生开支。因为很多地方都需要花很多的钱去控制疫情，这三大政策对小微企业也是直接有帮助的。

但是如果把中国的财政政策和其他国家，不仅仅是发展中国家，还有很多发达国家，做一个对比，可以看到有所差别。其他国家这段时间最多的，第一是直接支持企业保留就业，如果保证不解雇这个工人，就可以获得政府提供的补贴，这其实是为了让工人继续有工作。第二个是失业救济。第三个是直接现金支付。从这三个政策可以直接看出来，他所关注的其实就是老百姓的生活，同时也要让小微企业坚持下去。从我们的角度来说，我们的政策目标是一样的，提供政策支持，固定资产投资，减税，或者是公共卫生支持，都是同样的目的。还有其他的一些政策，比如帮助减免租金，减缓社保基金的缴费和财政部提供的一些对小微企业贷款利率、利息开支的补贴，这些都非常重要。

像这样的政策，应该成为现在帮助企业渡过难关的最重要的措施。就是要让他们活下去，不仅仅是中小微企业活下去，老百姓也要活下去。因为危机突如其来，很多人都没有准备，所以要帮助他们活下去。这是首要的经济政策目标。背后还有一个很重要的原因是，只有他们保持足够的现金流，保持相对健康的资产负债表，当有一天疫情控制住，就像我们今天两手抓，复工复产的时候这些企业还存活着，老百姓手上还有现金可以消费，这样的话经济复苏才会有条件。

我们想象一下，老百姓日子都过不下去了，即便疫情控制住了，也没有消费的需求了。企业都已经倒闭了，工人都被解雇了，这个时候再谈经济复苏就会异常困难。这是我想跟大家分享的第一点。

二、经济复苏会是相对缓慢且充满不确定性的过程

过去20年我们也受到过几次大冲击。举个例子，在亚洲金融危机期间，我们的经济受到很大冲击；在全球危机期间，我们同样受到很大的冲击。过去的做法基本是通过增加固定资产投资来增加需求，稳定经济，稳定就业。前两次应对都是比较成功的。这次的冲击跟之前有点不一样，这次是公共卫生危机，不是系统性的金融危机。在目前的冲击情况下，我相信我们政府下一轮还是会采取措施。把政府应对疫情的政策做简单分类，大概有三大类。第一类是抗疫，把风险病毒给控制住。目前为止我们做得还是比较有效的。但客观地说，我们还是不能掉以轻心。第

二类是疏困，如何使老百姓和中小微企业活下去，支持经济复苏。第三类是经济重建，类似于过去的四万亿，或再之前为支持经济增长，政府提供很多开支来做固定资产的投资。

这次危机当中，我们也听到一些关于政府应该支持什么样的建设的讨论，比如新基建，大城市、都市圈。我个人的判断，在下一轮的经济复苏当中，会有一些比较大的结构性变化。主要原因是出口不可能像以前那样，经济一复苏出口就开始反弹，就恢复了，也许这次我们出口的恢复会更困难一些。

前段时间东南沿海地区很多地方政府想方设法把内地民工接回去，这样制造业就可以开工，但开工后发现一些出口订单被取消了，这是我们现在面对的全球性危机的重要体现。在一定意义上，全球性的公共卫生危机就意味着，全球经济能否很快回到冲击前的状态，不是取决于做得最好的国家，而是取决于做得最糟糕的国家。当然我们需要一起把疫情控制住，恢复经济。

此外，即便做固定资产投资，力度也不可能再像四万亿那样大。货币政策和财政政策的空间和十几年前相比还是有很大变化的，很多学者和官员也在反思我们在2008年时候的政策。当时出手很快、很重都是对的。但有没有过度的问题，有没有退出太慢的问题，是否引发了我们今天面对的一系列的经济金融风险。我们政府一定会出手，但是这个力度我相信跟过去会有一些差异。在一定意义上来说，也是我们的经济结构发生改变了。但是，是不是我们的经济复苏会变得更加困难不太好说，因为我们的经济增长速度其实在往下走，但是我觉得还是有亮点的，我简单说两个亮点。

第一个亮点是，也许消费会成为下一轮推动中国经济增长的重要力量。我经常开玩笑说，改革开放40年，中国经济创造过两个全球性的经济故事。第一个故事就是中国出口了大量的劳动密集型制造品。在国际市场上很多产品都是中国制造的，中国出口决定了国际市场的状况。在所谓的劳动密集型，即相对比较低端的制造业市场，中国曾经一度发挥举足轻重的作用。第二个故事是在大宗商品市场。因为中国的投资力度非常大，对这些大宗商品的需求非常强，很多出口大宗商品的国家，一度经历了所谓的超周期，即10年、20年没有经济衰退，就是因为中国在不断地买大量的大宗商品支持国内的投资。

　　第二个亮点是，我们在这一轮危机冲击当中也看到，数字经济发挥了很大的作用。受疫情冲击，一封城很多活动都停顿下来了，但是我们线上的经济活动变得越来越活跃。比如网购、像今天这样的线上会议，没有数字技术是不可能的。在我们北大，很多学生到5月份还没有返校，但是我的课已经上了一半了，我们没有停止授课。这样的一些经济活动，其实比比皆是。很多餐馆在疫情冲击期间开始做外卖，很多制造品的公司，线下店关门了之后，把业务转到线上来，这样的故事很多。我把数字经济称作宏观经济的稳定器，在宏观经济受到冲击的时候，数字经济起码部分地缓冲了冲击。那么在数字金融领域就更明显了，很多网络贷款，在疫情冲击期间还在线上进行，而很多实体的银行门店，基本上都已经关门了。所以数字金融数字经济确实发挥了稳定器的作用。经过这一次疫情以后，我个人觉得数字经济的发展会迎来一个新的高峰，尤其是我们大家都关注的新基建。新基建是什么，就是投资这些为了数字技术发展所必需的基础设施，这些基础设施的投资将带来新的数字经济发展的高潮。

三、疫情之后，世界经济格局会发生一些结构性的变化

这只是我现在的初步猜测，到底会不会发生我不太知道，但我觉得这个风险是值得我们每一个企业每一个个人去关注的。这里的风险包含两个部分。

第一个风险就是在疫情过去以后，逆全球化的政策会不会找到新的动力。有人说疫情冲击下，过去的供应链风险一下子暴露出来了，比如自己没有生产口罩，就很难获得足够的口罩。可能为了这样的事情，一些政府和企业家觉得把供应链放在自己身边更加放心。我并不认为由此我们就会走上逆全球化的道路。但我觉得对这样的风险，我们要有足够的重视，甚至过去在公共卫生冲击之前，我们一直谈论中美经济会出现所谓局部脱钩。我现在仍然认为是一个局部脱钩，但这个局部的程度会不会比疫情冲击前更高一些。很多问题并不仅仅涉及经济问题的思考，还出于风险的管理，甚至是政治的需要。总之，我们对这个风险要有足够的重视。

第二个我觉得值得关注的风险，就是现在危机来临，各个国家都在采取所谓的不惜一切代价的财政政策、货币政策。美国、日本、欧洲等采取的几乎是无限度的量化宽松政策，各个国家的财政政策也在加大力度。国际货币基金组织刚刚做了预测，疫情过后发达国家的公共债务占GDP的比例很可能从105%上升到122%。我个人觉得大危机来临时，采取不惜一切代价的政策无可指责，因为要防范的是系统性崩盘，但我同时也比较担心，危机过后退出这些不惜一切代价的非常规政策是很难的。2007年的全球金融危机后，很多非常宽松的货币政策一直没有退出，经济也没有很明显的复苏。但不管哪一种情况，退出在政治上阻力比较大，宽松比较得人心，紧缩不太容易受到欢迎。可以预见未来，宽松的财政和货币政策退出的步履会非常困难，甚至有人认为永远不会退出。我们就需要对那样的国际经济政治环境有一个非常充分的估计，要预先准备一些应对的举措。

疫后企业和资本市场

宋志平

当前，中国基本控制住了疫情，同时经济在全面恢复，我们已经成功地打完了上半场。但是，全球的疫情还在蔓延。中国一方面要恢复自己的经济，另一方面要支持全球抗疫，进入下半场。

这次疫情对于全球的经济和中国的经济影响是巨大的，在这种影响之下，我觉得作为企业来讲，要思考一些问题，比如到底下一步怎么办，我想就此跟大家进行一些交流。

一、调整国际、国内经济结构

第一点，我们要适时地调整发展战略。这次疫情导致全球经济发生

作者系中国上市公司协会会长，中国企业改革与发展研究会会长。

了重大变化，其中之一就是国际贸易保护主义继续抬头。所谓的贸易保护主义就是政府用行政来干预贸易活动，这其实已经持续了几年时间，但是这次疫情加大了以美国为首的一些西方国家对国际贸易的干预。随着国际贸易保护主义的抬头，中国的企业尤其要有相应的对策，因为我们对外贸易的依存度比较大，在这种情况下要进行一些战略上的思考，因势利导地去调整战略。

我们要巩固在全球的制造中心地位，但肯定不能再用过去的那种大进大出、两头在外的不可持续战略，比如加大高端或者中高端产品制造的数量和水平，同时减少中低端、低端的产品，这样在整个贸易平衡的过程中可以继续保住强大的制造中心地位。

第二点，我们要研究全球布局。目前这种情况下，我们不可能再沿用过去那种全部产品出口的格局，而是由产品"走出去"向企业"走出去"进行调整。像中国建材旗下的中国巨石，在美国南卡罗来纳州建设了一家玻璃纤维工厂，实现了百分之百地投产、生产。另一个在埃及的工厂，辐射整个欧洲，这样就能够减少贸易保护主义对我们产品的影响。同时，我们要跟随区域化的趋势，划分北美市场、欧洲市场、亚洲市场等，按照区域市场来进行布局。过去我们总讲中国是世界的工厂，将来世界各地都有中国的工厂。

经过这次疫情，国内经济恢复需要新一波的扩大内需和拉动居民消费，对中国企业家来讲，这将是机会。中国有14亿人的大市场，其中有4亿多人是中产阶层，应该说消费能力是很强的。再继续推动国内大循环，市场会奇大无比。作为中国的企业，一方面要做好全球布局，另一方面也要做好本土市场的开发，国内市场必须全面开发，形成进可攻、退可守的格局，构建"两栖"企业。

第三点，疫情下，国家对企业的很多支持政策，包括减税降费减租降息等，其实一直是企业多年来期盼的，这些政策将来会长期化、固定化，实际上可以调整企业未来的负债结构，从而让企业发展实现良性循环。

第四点，疫情加速了第四次工业革命，也就是数字化革命的来临。各种线上活动迅速普及，现在大家都做各种线上的会议、线上的教学，包括很多企业进行了云上的供应链、产业链布局和调整。除此之外，工业互联和制造业的智能化方面其实也在加大力度。

年初的时候，我到工业富联参观了它的"熄灯工厂"，它在深圳的工厂过去一个车间需要318名工人，现在只有30人，打着手电在里面巡视就可以了。以前大家总是担忧，这些工厂随着人工成本的提高会迁来迁去，过去制造工业从日本迁到台湾，从台湾迁到东莞、迁到昆山，再从东莞、昆山迁到成都、迁到河南，现在再从国内迁往印度、越南等国家，就是考虑到人工成本的原因。智能化会改变这种随着人工成本提高出现的工业迁徙。不只是像工业富联这样的企业，其实像中国建材的水泥厂，过去一个日产5000吨的水泥厂自动化生产线都要有200—300人。现在推行智能化以后，一条生产线只用50人，是过去的六分之一。这样不只是降低了成本，最重要的是智能化提高了工艺控制的精准度，提升了产品质量，这些是非常重要的。

二、加大改革力度、增强企业活动

企业遇到困难的时候也是改革的好时机，往往也只有通过改革增加企业的活力，才能渡过难关，这是一个问题的两个方面。一说到改革，大家自然就想起了国企改革，实际上不只国企要改革，民企也要改革。2019年12月中央出台的支持民营企业28条中，第14条专门讲到了民企也要改革，改革的方向就是治理规范化。国企的改革方向是市场化，民企的改革方向是治理规范化。

国资委最近布置了关于改革的七项任务，其中有一项我认为要特别重视，就是关于市场化经营机制。不管国企还是民企，其实有一个共同的工作，就是机制改革的问题。我常用"机制革命"这个词，什么叫机制？就是企业效益和企业员工利益之间正相关的关系。也就是说，企业的效益好了，经营者、骨干、员工的利益能不能相应提高，这之间有没有相关的关系？有关系就是有机制，没有关系就没有机制。其实国企改革从第一天起，就是围绕着这个机制开始的，到今天40年过去了，还是在改这个机制。

当然这次和40年前改革的机制有所不同，那个时候围绕"劳动制度、分配制度、人事制度"进行三项制度改革，解决的是"干多干少一个样、干和不干一个样""铁饭碗、大锅饭"的问题。现在机制改革实际上要解决的是人力资源如何参与企业财富的分配。科技时代企业里不能只看到厂房、土地、资金，更应该看到人。要看到人的经验、技术、智慧，而这些要素都应该参与分配。这就是今天新的机制改革的特点。

民企同样如此，虽然它具备机制的先天条件，但不见得每一个民企的机制都做得好。华为"财散人聚"的机制很好，即使今天面临这么大的压力，企业还众志成城，一路前行。背后的原因除了有任正非这样的企业家和企业家精神，还得益于它有一个非常好的机制。机制也是这次改革的一个重头戏，如果企业有好的机制、好的带头人，企业就能够有很大的活力。

发挥企业带头人作用，实际上就是企业家精神，这也是我们在改革中要特别关注的。在这次抗疫的过程中，我们也看到企业家精神发挥了重要作用。改革开放以来，中国经济之所以能快速地发展，我觉得最重要的是两点。一是党和国家正确的方针政策，二是企业家和企业家精神。习近平总书记说："市场的活力来自于人，特别是来自于企业家、来自于企业家精神。"这段话强调的就是企业家的作用。在这次抗疫过程中也是这样，企业和企业家发挥了巨大的作用。我国企业家的精神还有两个特别的地方，一个是特别能战斗、坚韧不拔、百折不挠，另一个就是家国情怀、实业救国、企业报国。所以在改革的过程中，一方面我们要有好的机制，另一方面我们得保护企业家精神。

最近一个改革的案例引起了我的兴趣和思考，就是徐工。大家都知道"徐工徐工，祝您成功"的标语，最近它在搞混合所有制改革。在徐工的混合所有制改革里面，它把机制引入了企业，同时也保护了企业家精神。我觉得这个改革就非常好，混改不是为混而混，而是为改而混。如果混合所有制改革没有把机制引入企业里来，其实混合也没太大意义。所以混合所有制的改革要立足于改革，要立足于机制的引入，要立足于保护企业家精神。这个时刻企业要有活力，还得靠改革。改革就是解放思想，改革就是解放生产力，现在正是我们加大改革力度的一个宝贵时间窗口。

三、坚定信心，提升企业质量

企业的质量其实主要是指治理质量和运营质量。在这次疫情中，质量好的公司往往抗压力、应变力和复原力都很强，所以我们下一步要紧紧围绕着企业如何提高质量。我主要聚焦企业的治理质量。作为中国上市公司协会会长，我想着重和大家谈一下关于提高上市公司的质量方面的情况。

这段时间，其实大家讨论和关心比较多的就是资本市场。如何搞好资本市场？我觉得关键在四个方面。

第一，经济的基本面。虽然受到疫情冲击，但我们国家大的发展趋势并没有改变，经济基本面从长期来讲还是向好的。

第二，监管层的监管水平。这几年，尤其是最近这段时间，新的《证券法》出来后，市场化、法治化的监管水平有了很大提高。现在我们在一条市场化和法治化监管的道路上越走越稳。

第三，要有好的上市公司，要提高上市公司的质量。上市公司是资本市场的主体，只有把上市公司质量搞好了，我们才可能有良性的资本市场。

第四，投资者的市场生态。整个资本市场是靠大家合力推动的，只有上市公司也不行，还必须投资者共同努力，以及媒体的正确引导等力量加入。

其实2020年，正好是中国上市公司诞生三十年，即而立之年。这三十年里，我们历经了许多的风风雨雨，从无到有、从小到大，从幼稚到现在上市公司、资本市场都日趋成熟。现在沪深两市境内的上市公司一共有3850家，市值大约是59万亿元，占到我国GDP的近60%。中国500强企业中上市公司占到70%，上市公司创造的利润占到了全国规模以上工业企业利润的40%，创造的税收占到整个企业税收的30%。总体来讲，上市公司还是优等生，还是国家经济的压舱石。

2019年上市公司发布的年报显示，沪深两市上市公司的收入同比增

加8.6%，利润同比增加6.4%。其实2019年经济下行的压力很大，另外前阶段去杠杆、中美贸易摩擦对上市公司影响也很大，在这种情况下，我们还能取得这样的成绩，真的是很不容易。2019年上市公司的分红是1.36万亿元，占到整个上市公司净利润的三分之一，分红的比例是比较高的。2020年第一季度受疫情的影响，上市公司的收入下降7.9%，净利润下降63%，虽然说收入和利润都下降了一些，但上市公司还是有很大的韧性，恢复得非常之快。最近我了解到一些上市公司4月份基本上恢复，5月份的情况也很好。可以说在整个抗疫过程中，上市公司确确实实展现了一个强大的阵容，在困境中作为顶梁柱，起到了中流砥柱的作用。

在为上市公司取得成绩高兴的同时，我们也要看到上市公司还存在一些问题。我想主要是在治理和运营两方面。个别上市公司在治理上还有些问题，比如信息披露不真实，财务造假账，做幕后交易，操作股票，侵害上市公司的利益等。在运营上，个别上市公司存在四类问题。第一是盲目扩张；第二是业务分散，不突出主业；第三是大股东高比例质押自己的股票，给公司带来了很大风险；第四是对外担保，给企业带来不良影响。此外，还有的企业巨额亏损，年报不时就有一个爆雷的。实际上这些问题概括起来，就是上市公司治理质量和运营质量的问题。

2019年5月11日，易会满主席在中国上市公司协会年会上做了非常重要的讲话，对上市公司提出了"四个敬畏"的要求，要求上市公司的关键少数即董监高，要敬畏市场、敬畏法治、敬畏专业、敬畏投资者，要形成我们内心做上市公司的原则立场。

易会满主席同时提出了四条底线，要求上市公司不得击穿这四条底线。第一，不得披露虚假信息。第二，不得从事内幕交易。第三，不能操纵股票价格。第四，不能侵害公司的利益。这四条底线实际上都是被纳入《刑法》的，一旦触犯就要严罚。

易会满主席在那次会上还提出上市公司质量是资本市场的基石，要推动提高上市公司的质量。证监会之后印发了《推动提高上市公司质量行动计划》，在提升信息披露有效性、关键少数的勤勉尽责、推进资本市场改革、坚持退市常态化、解决突出问题、提升监管有效性、优化市场生态形成全社会合力这七个方面提出了要求。从去年到现在，中国上市公司协会紧紧围绕着提高上市公司质量这样一个中心来开展我们的各项工作。

2020年3月1日，新《证券法》的出台是一件非常重要的事情。20世纪90年代，美国的资本市场丑闻不断，到了2001年前后，上市公司世通、安然和会计师事务所安达信同时倒台，触发了《萨班斯法案》的推出，此后美国资本市场投资者的信心重振。这次的新《证券法》也是旨在解决目前资本市场所存在的问题。新《证券法》提高了对违规上市公司的惩罚力度，也提高了对看门人中介机构违规的惩罚力度。从2019年5月11日我任职中国上市公司协会会长起，中国上市公司协会一直加大对上市公司的培训，已经在线组织培训了上千名上市公司的关键少数人员。

当前，大家对提高上市公司质量这件事已经形成共识，而且已经迈开了提高上市公司质量的步伐。上市公司也逐渐走上了市场化、法治化和国际化的道路。虽然企业因疫情受到不少影响，但是大家对上市公司质量的提高还是抱有一定的信心，对于监管的这套思路还是充满信心，对下一步资本市场的春天也充满期待。

建设都市圈：稳增长和高质量发展的重要突破口

刘世锦

一、要有应对更困难局面的准备，短期政策应集中于"恢复""救助""避险"

全球经济衰退对我国经济的影响不可低估。如果说疫情对经济的第一波冲击是一季度的阶段性停摆，第二波冲击将会是此后两三个季度的外贸大幅下滑，或许还有金融冲击。这样对大的增长格局需要重新评估。在全球经济深度衰退的背景下，中国经济能够稳住，保持一个适度的正增长，就是很大的胜利。

这次疫情引起的经济下滑与以往由于经济内部出问题导致的下滑明显不同，短期经济政策要对症下药，集中于"恢复""救助""避险"。

作者系中国发展研究基金会副理事长，国务院发展研究中心原副主任。

"恢复"就是把被疫情打断了的产业循环和经济秩序恢复起来。近期复工复产中的困难，有人说是需求问题，有人说是供给问题，其实两边都有问题，因为循环链条被打断了。"救助"是帮助那些处境艰难、甚至日子过不下去的企业和个人，重点是中小企业和低收入人群。这也是恢复经济秩序的一个部分。"避险"就是防控经济中已有结构性矛盾可能引起的风险，防止老矛盾引出新问题。

货币政策应注重两个目标，一是经济运行保持充足的流动性；二是适度降低融资成本。近期央行已经采取诸多有效措施，下一步还有较大政策空间。这一点与西方国家有很大不同。财政政策应致力于纾困，通过减免税费降低中小企业的固定成本，对疫情冲击大的群体、低收入群体，特别是无工作即无收入的人群，可以采取直接发放货币补贴的方式。

以往遇到经济下滑，习惯的做法是政府拿钱搞基建，以提振需求，但这种传统刺激办法对上面提到的"恢复""救助"针对性不强，而且通过增加负债搞基建项目，还会加大地方政府已有的债务风险，并非"避险"。

二、新基建前程远大，但要遵循市场规律和产业规律

近期热炒的"新基建"，与中央原有的提法已大幅扩容。要防止把新基建当个筐，什么都往里装。

新基建的内容，有关媒体列了七项。城市轨道交通、特高压其实是搞了多年的老基建了。城市轨道交通，也就是通常说的地铁，改革开放前就有了。前几年有的地方轨道交通项目被国家叫停，原因是超出实际需求且负债过高；特高压优缺点都较明显，此前也有不小争议。把这两

项算进去，确实勉强了。5G和充电桩很有前景，但要与服务对象的增长相适应。5G应用已经起步，但深度使用需要垂直领域应用场景的逐步拓展，这一点华为的任正非先生有清醒认识，说得很到位。充电桩所服务的电动汽车面临着补贴退坡，当下正处在发展的瓶颈期。至于数据中心、人工智能、工业互联网、物联网等，都属于信息产业或其中某个细分领域，多少具有平台特性的部分，贴一个"基础设施"的标签未尝不可，在这个意义上可称其为数字基建。

重要的是，需要明确作为新基建主体的数字基建与"铁公机"类的老基建在技术属性、投资方式和运行机制上的明显区别。

首先，数字基建基本上不是公共产品，是企业经营的商品或经济学所说的私人产品，而老基建大部分属于公共产品或准公共产品。

其次，相应地，主要由企业投资而非政府投资建设。企业投资就会有硬的预算约束，要讲究投资回报；

再次，也是非常重要但很少被提及的一条，新基建大都是成长中的新技术，技术路线和市场前景不确定强，投资风险更大。一旦选择失误，大量投资就可能打了水漂，所以较多采取风险投资方式。政府最好不要直接插手，交给企业和市场选择才是明智之举。相比之下，老基建虽然也有低效率问题，但通常确定性强，比如从市区到机场，修一条高速路不会错到哪里去。

把这些问题说清楚了，政府在此过程中应该做什么也就清楚了。新基建前程远大，真心要把新基建搞好，首先要给其营造一个正常的发展环境，主要是企业自主决策，市场起决定性作用；政府不直接干预，不添乱，多包容，重点促进和维护公平竞争，提高监管水平，提供有效信息服务，提升相关人力资本。

以数字基建为主的新基建，本质上属于新技术驱动的新产业，发展快一点还是慢一点，要遵循市场规律和产业规律，不大适合作为短期刺激政策工具；要防止一哄而起，"运动式增长"，留下一堆无效投资和烂尾工程；也不需要受到某种产业政策的照顾，拿补贴、吃偏饭，搞出新的不公平竞争；少一些概念炒作，多一些专业深度研究，即使资本市场需要概念，也应遵守客观、专业、审慎原则，否则投资者是会受到伤害的。这方面以往的教训太多了，如能有所汲取，将有助于把新基建这件好事办好，在高质量时代有所进步。

三、着眼点、立足点要从刺激政策转向结构性潜能

经济遇到困难就想到用刺激政策，除此之外，还有没有更合理且管用的办法？观察和解决问题的思路要有一个调整。

改革开放以来，中国经济经历了30多年10%左右的高速增长，过去十年进入增长阶段转换期，到去年为止，增速还在6%以上；逐步转入中速增长平台后，今后十年，仍有可能保持5%-6%或5%左右的增速。这样的增速明显高于美欧日等发达经济体。前段时间讨论中国经济增速，一种观点主张通过大力度刺激政策"保六"。如果中国远高于发达经济体的增速可以靠刺激政策，那么发达经济体这些年空前宽松的宏观政策至少也应该将其增速搞到6%以上。我曾经用一个例子说明宏观政策的作用，假定宏观经济如同一个水深2米的泳池，水面会出现波动，宏观政策可以使这种波动减小，但水深由2米变成1.5米或1米，或者反过来，由1米升到1.5米或2米，宏观政策是无能为力的，而要靠结构性潜能。

中国经济远高于发达经济体的增速，主要靠的是结构性潜能。这种

结构性潜能，就是经济学上所说的后发优势。通俗地说，是作为一个后发经济体，在技术进步、产业结构和消费结构升级、城市化进程等方面的发展潜能。在中国高速增长期的相当长时期内，高增长靠的是高投资，而高投资主要由基建、房地产、出口等驱动。经济由高速转到中速，这些结构性潜能逐步减弱。转入中速增长期后，需要有新的结构性潜能替代，这就是我们通常说的增长动能转换。

发达经济体增长对宏观刺激政策有更多依赖，因为它们的结构性潜能已经很少了，增长主要靠更新性需求拉动，如房子破了，需要翻修；汽车老了，换个新的，等等，靠边际更新维持经济增长。美国在发达经济体中增速相对高一些，一是有创新，大部分创新首先出现在美国；二是过去一些年有移民，带来了更多的需求和低成本供给。如果中国某个时候不得不主要依赖刺激政策维持增长，应该是已经进入低速增长期了。

所以，对现阶段的中国经济，不论是短期内应对疫情冲击稳增长，还是未来一个时期保持中速增长，着眼点、立足点都应转到结构性潜能。我们还有结构性潜能可用，还没有到山穷水尽、不得不主要依赖刺激政策的地步。任何时候都会有宏观经济政策，但在促进增长意义上，这类政策仍是短期和相对次要的，且应与结构性潜能相配合。平时都在讲中国仍处在重要战略机遇期，但一遇到问题还是盯住刺激政策，多少有点令人费解。正因为如此，调整观察和解决问题思路是必要的。

四、建设都市圈是城市化发展到一定阶段的必然选项

进入中速增长期后，结构性潜能的内容将发生很大变化。从空间角度看，今后五到十年，最大的结构性潜能就是都市圈和城市群加快发展。

近几年城市化进程的突出特点是人口特别是年轻人口向一线城市、几大经济圈和内地若干中心城市集聚，有农村进城，更多地则是由其他城市转向中心城市。农村结构、城乡结构和城市结构都在经历着未曾有过的历史性变迁。据有关研究，数万个村庄正在消失，上百个城市人口减少，处在收缩状态。

集聚效应加强、生产率提升，是城市化进程的一幅画面，另一幅画面则是已有的大型超大型城市内部结构性矛盾加剧，甚至到了不可持续的地步。

房价飙升，一些城市房价进入全球高房价前列。由于房价是城市的基础价格，房价升高必然推高城市运营成本，各类产业竞争力相应受损。高房价吸收了大量社会购买力，脱实向虚的资源流向长期难以扭转。

制造业和部分服务业由于成本压力不得不从城市核心区退出，又面临着既要降低成本，又不能远离供应链网络的两难选择。有些企业开始调整产业配置，一个典型案例是华为的部分业务由深圳转到东莞的松山湖，但大量企业未必有这样好的机会和条件。

城市的老龄化加快，以北京为例，2019年60岁以上的老龄人口已达350万人，为户籍人口的四分之一。这部分人口基本上不需要早起晚归上班了，很多人想到郊区找一个面积大一点、成本低一点、环境好一点的生活居所，但难以如愿。与此同时，大量年轻人在城市核心区买不起房，不得不到边远地区租房买房，每天上下班承受很大通勤压力。

随着城市核心区人口密度增加，除了高房价外，拥堵、污染、生活环境品质下降等城市负外部性增加，居民的实际生活质量感受与收入和消费水平的提高并不相称。面对严重雾霾，人们提出这样的问题：我们吃饱了、穿暖了，生活水平有了很大提高，为什么呼吸一口新鲜空气反

而难了。

中国的城市化率达到60%，还有大约20个百分点的上升空间。如果上述结构性矛盾无法解决或有所缓解，作为集聚效率最高的大型超大型城市，对将要进城的农村人口和其他城市人口，已经腾不出多少空间了。事实上，近些年来这样的空间正在被压缩。

显然，我们正面临着持续推进城市化进程、提高全社会资源配置效率与既有城市结构性矛盾之间的冲突。在这种冲突的夹缝中，加快建设都市圈是一个必然选项，准确地说，是一个逼出来的、不得不采取的选项。

从国际经验看，发达经济体在与中国目前相似阶段，也出现了人口从城市核心区向郊区流动的态势，带动了大都市圈的逐步形成。有些地区，若干都市圈相互连接，进一步形成大经济区或城市群。

所谓都市圈，在空间形态上，简单地说，就是在一小时通勤圈，或已有核心城市周边50-70公里左右范围内，发展起一批小镇或若干小城，相互连接后形成新的城市网络体系。

从增长动能角度看，小镇小城需要新建改建大量居民住宅、公共基础设施，小镇小城之间用轨道交通等连接，产业聚集的小镇小城也要有制造业投资，这些都会形成可观的需求增长空间。

产业结构将会在空间调整重组。对成本敏感的制造业和中低端服务业企业转至都市圈的小镇小城，在降低成本的同时，亦可继续分享城市专业化分工体系的好处。高技术含量、高附加值的服务业和其他产业分布于城市核心区。由于产业发展已经进入分化重组、市场份额和利润向头部企业集中的阶段，都市圈的产业布局将有明显地域专业化、集中化特色，且集聚主要头部企业，一哄而起、遍地开花的可能性不大。

　　人口就业居住结构也得发生重要改变。城市核心区相当数量已退出一线工作岗位的老龄化人口可转至小镇小城，并形成养老特色的新社区。由核心区转到小镇小城的部分产业带走配套的就业人口。与此同时，都市圈的小镇小城可吸收大量农村进城和其他城市转入的人口。

　　如果把都市圈发展仅仅理解为扩大需求、调整产业和人口布局，那就低估了其应有的潜能和意义。在技术进步、绿色发展的大背景下，这一轮都市圈发展应该也完全可以不重复发达国家的老路，而走出一条具有中国特色和时代特色的绿色发展新路。从城市规划、能源、交通、建筑到各类产业发展，都可以采用绿色发展的理念、技术、工艺、材料、设备、方法等，如无废城市、海绵城市、分布式可再生能源、被动式建筑、新型空调等。在资金筹措上，采取绿色融资办法。还可积极探索生态资本服务价值核算方法，使之可度量、可货币化、可交易，推动绿色发展由主要是政府提供的公共产品转向企业个人能够日常进行的经济行为。

　　绿色发展要摆正人与自然的关系，以人为本。为了保护生态环境，划出一些特殊区域和特殊红线是必要的，但不意味着除此之外的其他区域特别是城市区域就可以放任不管了。城市是人们日常生产生活的地方，生态环境状况对人们生活质量更为直接密切的关系。国际上的有关成功案例表明，在城镇居民住宅区，不仅社区范围内要增加植被，建筑物的表面、顶部、阳台以至室内，都可以不同方式绿化，形成新的生态和生物多样性系统。目前城市核心区的一些居民尤其老龄人口有到都市圈小镇小城居住的需求，一个重要意愿就是房前屋后种花种菜种草，与自然亲密接触，提高生活质量。

　　还有一个大家很关心的问题：中国人是不是只能住高层建筑？在发达国家，一般在城市核心区有一些高层建筑，除此之外的其他城镇，基

本上是低层独立住房，也就是我们说的"别墅"。中国为什么不能如此，通行的说法是中国人口多，人地关系紧张。然而，且不与中国全国相比，即使与东南沿海地区相比，日本人口密度也是高于我们的，但日本居民多数是独立住房。进入OECD行列的欧洲国家，大多数人口密度不低于我国沿海地区，独立住房也是很普遍的。

一个基本逻辑是，城市化提高了居民居住用地效率，从全局看节约了土地。住在高层建筑还是住在低层独立住房，生活质量有相当大差异。在都市圈小镇小城建设中，如果能多建一些或基本上都建成低层独立住房，可以明显提高居民住房质量，从节约用地角度也是可接受的。

概括地说，都市圈发展通过疏解核心城市的结构性矛盾、扩展城市化空间，小分散、大集中，实现大城市超大城市的转型升级。都市圈的发展，重点是那个"圈"的发展，通过"圈"与核心城区的结构调整和再平衡，提升城市发展的空间、质量、效率和可持续性。具体说，有利于产业结构调整，特别是制造业在降成本的基础上提高专业化水平；有利于人口结构调整，大幅度改善居住环境和生活品质；有利于职住平衡，减缓拥堵、污染和通勤压力；有利于进城农民工和其他外来人口改进居住条件，获取应有的基本公共服务；有利于扩大投资和消费需求，提高已有产能利用率，形成重要的经济增长新动能；有利于带动创新和绿色发展，促进生产生活转向高质量、可持续、有韧性的新发展方式。

五、都市圈建设需要在六个方面深化改革、调整政策

回到现实，都市圈建设面临不少思想观念、体制机制和政策方面的阻力与约束，这就是深化改革要解决的问题。

第一，加快大城市城乡接合部的农村土地制度改革。十八届三中全会明确提出，农村集体建设用地与国有土地同价同权、同等入市，同时也要创造条件使宅基地流转。近些年虽有探索，但进展不及预期。面对建设都市圈的紧迫需求，大城市周边城乡接合部的农村土地制度改革不能再拖下去了。都市圈建设过程中，除特定公共用途要由国家征地外，一般应通过集体土地直接入市满足需求。

土地管理法已对集体建设用地入市开了口子。宅基地流转目前仍限于集体组织内部，而真正的需求是在外部。有观点认为宅基地属于集体财产，只能在集体组织内部流转。依此逻辑，国家所有的土地也只能在国有机构之间直接流转，那还有什么个人住房交易和房地产市场。宅基地流转过程中可能出现的问题完全可以有的放矢地加以解决，不能因为这些问题而回避这项改革。理论和实践都证明，农村集体土地进入市场才能真正保护农民利益，不流转不交易连农民利益是多少都搞不清楚。

由来已久的小产权房问题也无法再回避了。说小产权房不符合规划，确实如此，本来就不允许盖，当然不可能有规划。但需要问一个基本问题：农民是否有在属于自己的土地上盖房子的权利？如果真正承认农民对土地的集体所有权，这个问题并不难回答。改革初期的联产承包制，就是把农民在自己的土地上生产什么、如何生产的权利还给农民。而现在面临的问题，是能不能把农民在自己的土地上是否盖房子、如何盖房子的权利还给农民。把这些权利还给农民了，并不意味着他们一定要盖房子、一定要流转宅基地，而是承认、保护他们本应有的选择权。农民盖房子，也包括在国有土地上盖房子，都要服从于国家建设规划，这是另一个层面的问题。所谓的小产权房问题，首先是该给农民的权利不给，叠加了不符合国家建设规划，一个错误引出了另一个错误。解决这一问

题，要从头开始，正本清源，在农村土地制度改革、建设都市圈的大框架下，应给农民的权利要给，应缴的税费要缴，不符合规划的要纠正，把小产权房问题解决与都市圈小镇小城住宅建设统筹推进。

第二，优先完善都市圈农村社会保障体系。对农地入市、宅基地流转，一个担心是有的农民会不会居无定所，影响稳定。过去长时期内，我们把农村土地作为农民安身立命的最后屏障，城里找不到工作了，还可以回到农村。这在过去是有道理的。随着市场经济的成熟和现代社会保障体系的发展，我们完全可以用现代社会保障体系替代农村土地这种原始的、低效率的保障方式，把稀缺的土地资源解放出来，实现高效率的配置利用。农地入市、宅基地流转获取的收入，应优先用于完善相应地区农村人口的社保体系，使他们与城里人一样不再依赖于土地保障，在提高土地利用效率、增加收入的同时，由更为有效和稳定的社会安全网托底。

第三，以强有力的制度政策措施防范以权谋私的腐败行为。在城乡接合部搞农地入市、宅基地流转，有些握有权力的干部会不会借机捞好处、搞腐败，也是大家所担心的。以往此类问题不仅存在，有些地方还相当严重。近年来反腐败力度加大，情况好转，但制度建设、政策措施必须挺在前面。可对一定级别的党政领导干部在城乡接合部的房屋交易行为实行严格审查制度，增强透明度和社会监督。对相关腐败案件从严惩处，并加强曝光，以起到警示作用。

第四，推动农村基层治理结构的改革转型。农村集体土地的所有权归集体组织，但这些年农村基层组织治理能力不足，有些地方家族势力过大，管理混乱，集体财产收入被装进少数干部腰包的事例时有披露。此外，随着由农村转为城市，传统的农村治理结构向城市社区治理结构转型也势在必行。所以，都市圈建设过程中，要加强相关农村基层组织建设，遏制基层腐败，完善乡村基层民主选举制度，认可并保障农民的合法权益，提高透明度，加强监督监管，集体经济组织管理和行政管理职能也要适当分开。这方面已有一些成功经验，可借鉴推广。

第五，国土空间规划形成机制也要改革、创新、完善。国家正在推动三规合一，很有必要，也提供了一个反思和改革的机会。空间规划很重要，定下来就要执行，要有权威性和强制力。然而，规划也是人制定的，人的认识具有局限性，也会出错，因此规划的调整和纠错机制不可缺少，这并不否定或削弱而是增强规划的权威性。关键一点是，规划不能无视而要尊重来自市场、社会和实践的信息。比如，大城市的城乡接合部出现大量"违规"的城中村，以致达到法不治众的程度，而这些城中村为众多外来人口特别是农民工提供了低成本居所，对城市发展、竞争力提升起到了非常重要的作用。到底是原有的规划错了还是如此之多的人民群众的选择错了？又如，近些年为推动区域平衡发展，对人口流出的部分中西部地区分配较多建设用地指标，利用率不高，有的开发区大量占有农地，招不来几个像样企业；而对人口流入、城市化潜力大的东南沿海地区，分配的建设用地指标相对较少，导致有项目缺土地，推动地价房价上升。这样的政策导向是否符合市场化、城市化发展规律，是否真正有利于区域协调发展，也需要反思并做出必要调整。

建设都市圈，应在空间规划的思路、机制和方法上做出必要调整和完善，有些地方可能需要重新规划。近期国务院将部分土地使用审批权下放给省一级政府，其中试点永久基本农田转为建设用地和国务院批准土地征收审批事项委托部分省、自治区、直辖市人民政府批准，

这些试点省区均为都市圈发展潜力大的地区。此项重要改革将有利于地方政府从各自实际出发，集中利用土地资源，为都市圈建设提供有力支持。

第六，创新都市圈建设的体制机制政策。建设都市圈要立足于调动市场力量，充分发掘全社会消费、投资和创新的潜能。政府的作用很重要，问题是如何以正确的方式发挥正确的作用。大城市政府通常人员素质较高，组织协调能力较强，在建设都市圈过程中有很大创新空间。建议试行区带镇体制，即核心城市的一个区，带都市圈若干个镇，发展目标、责任、权利、利益都捆绑在一起，所带镇创造的 GDP、财政收入、就业等，都算到区的名下；区所辖核心城区内需要疏解的功能，可优先转到所带小镇；同时区也要利用各种资源推进所带镇的规划、建设和运营。各个区所带镇之间既竞争、又合作，逐步形成有活力、有创造力、可持续的发展机制。

以上几个方面的改革都很重要，但都不容易，有的是长期以来未能啃下的硬骨头。深化改革的机制也很重要，应坚持顶层设计、基层试验。顶层设计，主要是指方向、划底线。所谓指方向，应当是明确改革要有利于推动城市化进程，有利于提高全要素生产率，有利于满足人民群众日益增长的美好生活的需要。所谓划底线，是指坚持土地公有制性质不改变、耕地红线不突破、农民利益不受损三条底线。在此前提下，应当给地方、基层、企业和个人更大的自主选择的空间，允许、鼓励、保护担当精神和创新精神，因为究竟什么样的做法适合国情、省情、市情，事先并不清楚，需要通过大量试错纠错，才能找到对的办法。这是中国改革开放中被事实证明行之有效、应当继续坚持的一条基本经验。

六、推出作为快变量的建设都市圈一揽子改革发展计划

相对于短期刺激政策，改革通常被认为是慢变量。事实证明，在特定时期，如果相关条件基本具备，与发展方向契合的改革措施也可以成为快变量，更重要的是，这样的改革措施所激发的增长动能不仅体量更大，而且效率更高、可持续性更强。在此意义上，可以考虑推出建设都市圈的一揽子改革发展计划，要点如下。

有关城市，重点是人口持续流入、发展潜能大的大城市或城市群，加快制定或修订都市圈建设规划，并尽早公布，起到提振信心、稳定预期的作用。

开工建设一批前期准备充分的都市圈轨道交通、通信工程等基础设施建设项目。

制定规划，并着手分期建设主要面向外来人口特别是农村进城人口的安居房工程。

推动农地入市、宅基地流转，选择若干小镇，开展核心城市老龄人口下乡养老社区建设试点。

引导、鼓励核心城市内相关制造业、服务业企业疏解至都市圈低成本区域，通过产业集聚、转型升级，逐步形成核心竞争力突出的专业化小镇。

相应加快都市圈小镇小城商场、餐饮旅馆、教育、医疗卫生、体育健身、文化娱乐等基本公共服务和配套商业服务设施的建设。

调整户籍政策和其他人口流动管理政策，为外来人口在都市圈小镇小城安居乐业、就业创业营造有利环境。

相应推动与建设都市圈相关的各项体制机制改革和政策调整取得实质性进展。

可选择粤港澳大湾区和若干发展潜力大的省会城市作为都市圈改革发展综合试验区，率先突破，取得可复制、可推广的经验。

初步估算，都市圈建设每年能够为全国经济增长提供至少0.5到1个百分点的增长动能，不仅为应对疫情冲击，更重要的是为今后相当长一个时期中速高质量发展提供有力支撑。

全球疫情之下企业的生存之道

陈春花

在这场全球疫情的危机下，我们的企业到底应该怎么做，怎样才能够真正地走出困境，找到一条发展的路？

疫情最开始的时候，我做了一个专题研究，在3月初出了一本书《危机自救》，企业在逆境情况下如何生存。我做这个研究的时候，与大家感受是一样的，也就是在2020年，我们所面对的市场和环境是我们所不熟悉的。在这个不熟悉的市场和环境中走到今天，我们更深地感受到整个经济的发展已经开始进入"全球经济的新常态"，与过去是完全不一样的。在这种完全不一样的情况下，我们到底应该怎么办，尤其是中小企业该如何生存，从我研究的角度，以及疫情下在线企业调研的现实来看，重要的是要找到自己的解决方案。

作者系北京大学国家发展研究院BiMBA商学院院长。

从国家层面来讲，如国家"六保"中，有四保是与中小企业相关，很多政策也在为中小企业想办法，我们希望能够恢复正常的经营生产，市场也能回到正轨。因为自己是一个做微观研究的人，所以我还是会从微观的层面与各位探讨企业应该怎样做。

最重要的一件事：快速调整五个认知

对于企业管理者而言，最重要的是，能够快速地调整自己的认知。为什么我会先强调这个部分呢？认知到底指的是什么？外部输入信息给你时，你能理解运用转化的能力，这就叫认知。你的这种转化和理解的能力，就决定了你的行为选择。所以，管理者需要快速调整认知，我从五个方面给出建议。

第一个认知调整，与危机带来的不确定性共存。因为当环境不确定时，你唯一可以去做的是怎么能够理解这个环境，想办法与它相处。做到这一点，根本的核心是改变你自己。我们很多人在回看2003年的"非典"、2008年的金融危机时，就会发现还是有很多企业在危机中找到了自己的发展路径。2003年"非典"时期崛起的阿里巴巴和腾讯，在"非典"之后起步的还有新东方、携程和京东，它们在遇到这些挑战时，能尽快地调整自己，去接受非典带来的改变，找出寻求发展最佳之路。

第二个认知调整，坚定自我发展的信心。2008年金融危机时，我发现，那些能够在危机中走出来的企业都有个共同的特点，就是它们有一种非常坚定、自我发展的信心。我也在企业里工作过，我们在判断一个管理者是一个好的管理者，还是一个普通的管理者时，往往在危机当中更容易判断出来。因为好的管理者，绝对不会把危机或者外界环境的不确定性作为制约条件，反而把它变成一个机遇；而那些普通管理者则不然，他们会把危机当作借口。当危机来临时，如果你是一个优秀的管理者，那你一定能够把危机看作经营条件，而非制约因素，你会想办法坚定自我发展的信心，所以这是第二个认知上的调整。

第三个认知调整，进化应对而非预测判断。在面对变化时，可能对我们所有人来说，一个很重要的调整，就是要尽可能地去进化应对，而不是简单的预测判断。就像现在很多人还在想办法判断全球的疫情危机什么时候过去？判断在疫情危机过去之后市场恢复反弹的力度是多大？还有判断哪些行业是风口，哪些行业可能没有机会，等等，大家仍然还在做这些判断。但是危机来临时，如果能够真正有一种认知危机的能力，你就不会用预测判断的方法。我们很清楚，在巨大变化中是没有办法预测的，因为它的影响维度太多。尤其是这一次疫情，它的最大挑战就在于，如果要做好疫情防控，可能就很难快速恢复经济；如果要尽快恢复经济，可能在疫情防控方面有很大风险。所以这是左右互搏的一种困难境况。这样的情形下，如果是用预测判断做出选择，反而可能没有办法真正找到解决问题的方法。因此，对于企业最大的考验，其实并不是你能不能预测正确，而是你能不能动态去应对，这是第三个在认知上的调整。

第四个认知调整，自我心态的调适。其实这是对企业家和管理者说的，就像刚才主持人讲的那样，在这样一个大的背景下，很多中小企业是非常艰难的。作为中小企业的领导者，员工们主要还是看你的稳定性，你心里的这种稳定性就会是一个组织的稳定性。在公司认知调整当中，你作为管理者，要有很强的稳定性，来保证整个组织的稳定性。这种稳定性取决于什么？取决于管理者自己的心态。我用"同理心、平常心、积极心和信心"，这"四心"来给大家建议。"四心"就是要求管理者要

能理解这个环境，要认真专注于你要做的事情，保持积极乐观，最后一定要有信心和相信自己，管理者的稳定性对整个组织是至关重要的。

第五个认知调整，不确定的是环境确定的是自己。这也是我在数字化时代给大家的建议。华为在它30多年的历史当中，也遇到过很多的危机，但都能一步一步走到今天。尤其是2019年美国的冲击，但是任正非很明确地告诉他的团队，"我们只要把自己做好就可以了，美国能做什么我们其实是左右不了的"。所以在华为的风险理念当中，认为企业应该是一棵植物，不是一个动物。动物是可以移动的，而植物不能。植物深深地扎根下去，不管这个环境好还是不好，都要想办法汲取到营养，让自己壮大。在疫情之下，在美国的围剿之下，华为仍然在强劲增长，这与它对团队的认知和企业风险理念有关。

做一个打硬仗、打赢仗的准备：中小企业要做五个努力

有了快速调整的五个认知之后，接着下来是怎么做的问题。我觉得需要以下五个方面的努力。

第一点，审慎地经营。我们要做好打硬仗的准备，这不是说你要不要去面对的问题，或者是你怎么面对的问题，而是你一定要做打赢这场仗的准备。因为疫情，它会影响到全球供应与需求的关系，它对于供应结构和成本结构的要求已经完全不一样。这种不一样就为企业提出了新的高效率和新成本能力的要求。一些中小企业是满足于消费者日常需求，另一些中小企业是配套于产业链的，如果中小企业要活下去，是需要有能力应对供应链结构和成本结构的调整，来使得自己在产业链和供应结构当中占据一席之地。疫情之下，无论人们怎么讨论全球供应链的调整，

但是我们以基本的角度来讲，供应结构当中，最重要的还是你的效率和成本水平，我们做好自己的效率和成本水平，就可以找到自己的空间，这是要理解的关键一点。

全球的疫情防控带来的不确定，已经影响到了我们的生活，改变了我们的生活方式，同时也会重构商业模式。一些中小企业受困，或者有非常大的风险，就是因为应对这种变化调整的速度不够。我们也看到有一些中小企业反而调整速度非常快，如原来完全是开店模式，现在改成员工直播模式；原来是一种提供产品的方式，现在转成提供服务的方式，这些企业实际上是理解到疫情变化带来的商业模式变化，并快速作出改变。审慎经营就是做好打硬仗的准备，就是要把自己的基础夯实，强化自己的内功。

第二点，做好当期经营与长期战略的平衡，以当期为主。我在2003年也出任过一家公司的总裁，刚上任就遇到非典，当时我们主要的一个业务是出口日本，这个业务就因为"非典"而无法展开，而公司95%的产品都是要出口日本，几乎一瞬间完全没有了出路。在这种情况下，唯一要做的是什么，就是怎么去调整，去改造当期业务，让当期活下来。我们快速调整，既然无法出口日本，我们就开拓国内市场。我们从来没有做过国内市场，但是团队以最大的努力，以最快的速度调整，转向国内市场销售，结果2003年我们反而取得了这个业务历史上最好的经营绩效。

在遇到危机的时候，最重要的行动是什么，就是怎么把当期经营业务做好，来平衡当期经营与长期战略发展的关系。以当期经营为主，就是用不亚于任何人的努力去改造你的企业。疫情中很多中小企业管理者问我如何保证现金流，一个有效的方法就是挑战极限式地降低成本，就

要把内部成本降下来，这就叫不亚于任何人努力地改造当期业务。另一个有效的方法，就是能不能贴近顾客，为顾客服务，解决顾客的困难，如果能够做到，会有经营的现金流。

我在5月初看到一个案例，一家供应高端汽车部件的供应商给了我很大的启发。因为疫情，第一季度国内汽车整体上销售需求比去年同期下降40%多，在下滑40%的市场份额里面，这家供应商却发现，中低端的车反而需求旺盛。他们看到这种情形之后，回到顾客需求这边，以非常快的速度调整了研发部门和市场部门，给自己提了个要求，把供应高端车的部件成本降下来，去满足中低端车部件的需求，保证更高的质量和更低的成本。结果这家公司得到的订单比去年同期涨了50%。这个例子能够说明，你要解决自己能不能活下来这个问题，组织效率和能不能理解顾客非常关键。在这个时候，如果有空间，有力量，基于变化去开发长期的可能性，为未来去做一些布局，也是一个好的时机。但是前提条件就是，以当期经营为主，用一句话叫"做好当下，即是未来"。

第三点，有能力的企业更加关注产业伙伴和价值伙伴的共生。在这样一个特殊的环境下，非常多的中小企业需要抱团取暖。但是，其中更需要有能力的企业，帮助产业伙伴或者价值伙伴共同面对疫情带来的危机。比如在大萧条时期，美国当时能够实现保住一些就业，从大萧条时期走出来，其中有一个很重要的项目就是"蓝鹰运动"。250万雇主参与了"蓝鹰运动"，保证人们被雇佣，减少失业。如果没有这个运动，美国能否走出大萧条会有着巨大的不确定性。所以，无论看一个企业，还是一个社区，抵抗危机时，需要的还是相互帮助。企业间的、产业伙伴之间的帮助，这其中也包括政府对中小企业的帮助。

所以这一轮的危机当中，我非常欣赏华为、阿里、腾讯、携程等，这些企业发布了给合作伙伴的信，表明共同面对危机，帮助合作伙伴的策略和选择。我们也看到非常多企业在想办法降低各种成本，大家一起去面对。所以在我看来，从大树到森林，如果没有整个生态，没有中小企业存活，市场的恢复也会受到非常大的影响。

第四点，在线化、数字化是个必选项。2020年春天，人们忽然发现我们都在一个数字世界里，包括这次峰会，也是用在线方式举行的。经过这次疫情危机，在线化、数字化是个必选项目。我是一个研究数字化比较早的人，在过去七八年的研究中，发现大家对数字化的理解，在不同行业、不同企业想法都是不一样的。对于消费端来讲，数字化进行比较快；在社交、金融领域的数字化速度也很快。但是在更多行业中，大家认为数字化还是有一点距离，还不需要那么急着进入数字化。可是这一次疫情发生之后，突然间发现各行各业的人，都必须学会在线化和数字化。比如学校所有老师，几乎一夜之间都在线讲课。在线能力决定了企业在这一轮变化当中的应对能力和成长机会。

比如，百货业是受冲击最大的行业之一，因为疫情防控要求人们保持物理距离。人们不能去店里消费。但同样是百货公司的天虹百货，反而因为数字化的能力，让自己有了一个非常大的市场机会，它的门店业绩反而提升了一倍以上。无论是我们的学习，如智慧树在线大学的学分课平台，还是我们的工作，如企业微信、钉钉等在线开放工作平台，我们全部进入在线状态。也就是说，如果有能力让自己转向在线化和数字化，就有基本的生存能力，也就有可能会在这次危机过后，迎来一个新的春天。我也走访了很多小店，发现他们也是借助在线化、数字化让自己存活下来的，甚至看到直播带货的模式出现，给这些小店带来了机会

和可能性。

第五点，企业家的经营意志力。我认为在这样巨大的冲击下，还是要靠企业家的经营意志力，靠企业家精神。我一直很在意组织管理中，企业家的作用与影响。我们都非常清楚，越是在危机当中，大家越依靠领导者。企业家作为指南针，告诉我们方向。为什么在这段时间特别强调企业家或者领导者？原因就在于在危机当中，只有领导者能够带领我们摆脱危机，能够告诉我们方向在哪里，能够让组织高效运转，使得组织有定力。

所以我在最后的建议中，希望中小企业的企业家，要有经营意志力。过去的研究中，我发现，那些能够从小变大的企业，主要还是取决于管理者的态度。如果管理者相信能够增长，他相信能够面对危机，他总是可以在危机和变化当中找到任何一种可能性。就像我刚才讲的汽车部件供应商，天虹百货或者那些直播带货的小店。只要你坚信经营，就能够寻求任何一种可能性，就能够与环境互动，给员工信心，做出明确的选择。

我非常赞赏一些企业家，他们愿意直播带货，愿意去尝试从来没有尝试过的东西。很多人评估他们到底能卖多少货，直播的效果好不好，我觉得这个都不重要，重要的是他们保持与环境之间的互动，给员工信心，给大家一个明确的选择。当企业家，尤其是中小企业的企业家，拥有这样的经营意志力，能够不断地在危机当中寻求解决方案时，人们都会相信企业有能力走出危机。请大家记住，问题的焦点最后都会落到领导者身上。

综上所述，面对疫情，首先快速调整认知，面对环境；同时要真正行动起来。

最后我还想与大家分享我的一个观点：我们要问自己，是否认真，是否有足够勇气，在每一个当下不断调整到位。

"这是结束，这是开始"：四句话寄语未来

2020年的新年寄语是在2019年年底写的，我用了一个词叫"涅槃时刻"，当时我并不知道会有这么大的疫情，只是认为在数字化进程当中，变化给我们所有人的要求就是：自我超越。

所以我用当时写"2020新年寄语"时几个最重要的观点作为我的结束语：

● 挑战自己　方有未来

基于过去的认知是走不到未来的。我们今天所看到的、所遇到的挑战，以及变化，我们过去都没有经历过，如果沿用过去的方法，一定是找不到解决方案的。

● 做好自己　方能共生

要学会真正找到别人愿意与你共生的可能性，所以一定要先把自己做好。我们如果能够与外部共生协同，就会有一种新的生存方式，让我们拥有可能性。

● 先利于他　方能利己

在这次的疫情当中，更能感受到没有人可以独善其身，我们是互为一体的。如果你愿意利他，你才有可能利己。这既是说疫情防控，也是说经济恢复。

● 这是结束　这是开始

我借用了一个小说家的观点"这是结束，这是开始"。就如微软，它

即使是错失了移动时代，但是它快速地进入了云时代，就能重回最高市值，也拥有了新的可能性。

那些活在未来的人们，所能做的就是与现在的自己做斗争。

当然，预祝中小企业找到自己的路！

疫情影响与中小企业发展

王小鲁

目前的中小企业面临双重困难，第一重，疫情之前中小企业已经面临了一系列困难，包括增长疲软、利润下降和亏损上升，这些问题和结构失衡、体制弊端息息相关。第二重，这次疫情从供给和需求两个方面对中小企业形成了沉重的打击，供给方面，疫情期间停工停产，很多企业不能正常进行经营，虽然目前大多数企业已经恢复生产，但复工其实不等于复产，还有很多企业实际上面临的是需求方面的制约，经营状况困难。

2016年后中小企业发生了一些与长期趋势不符的变化

我想首先讲一下中小企业的情况，我们国家没有全面的中小企业的

作者系国民经济研究所副所长。

统计数据，但规模以上工业企业有分大中小企业的统计。在改革开放期间，中小企业扮演了非常重要的角色，它们经营活跃，活力十足，发展非常快，在推动经济增长、带动就业方面都做出了非常重要的贡献。

表1　疫情前大中小型工企营收

	2016	2018	2018/2016
营业收入合计（万亿元）	118.99	104.95	−11.8%（−11.8%）
大型企业	44.81	45.92	2.50%
中型企业	29.41	23.83	−19.0%（−3.0%）
小型企业	44.77	35.20	−21.4%（−5.4%）

但是从2016年以后就发生了一些变化，我们从上表可以看到，从营收角度来看，2016年到2018年，规模以上工业企业的营业收入按照原始数据计算是下降的，其中分大、中、小企业，大型企业营业收入上升，中型和小型企业的营业收入都有一个相当幅度的下降。

这中间有一个关键的因素，2018年国家统计局做了一些挤掉统计水分的工作，这个影响大约占到企业营业收入的10%左右。所以在扣除这部分影响，并且假定这些挤水分工作主要影响的是中小企业的情况下，我们发现，大型企业仍然保持正增长，中型企业2016年到2018年间下降了3%，小型企业的营业收入下降了5.4%。这是把挤水分的因素分摊到中小企业以后我们看到的结果。如果假定大型企业也一定程度上受到挤水分的影响，那么实际上可能大型企业的增长还会更快一些，他们和中小企业之间的差距还会变得更明显、更大一些。

从利润角度来看，2016年到2018年，规模以上工业企业的利润总额下降了7.1%，其中大型企业上升了接近20%，中型企业下降了20%，小型企业下降了27.3%。从这个角度我们也可以看到，中小企业在这期间已经面临了相当大的困难。由于2019年国家统计局并没有公布大中小型工业企业分规模的统计数据，所以这个表里所列出的数据只到2018年为止。但是我们同时也知道，绝大部分中小企业都是民营企业，所以我们从民营企业和国有控股企业之间的相对关系上也可以看到一系列的问题。

表2　疫情前大中小型工企利润

	2016	2018	2018/2016
利润总额合计（万亿元）	7.14	6.64	−7.10%
大型企业	2.68	3.21	19.90%
中型企业	1.94	1.55	−20.00%
小型企业	2.57	1.87	−27.30%

在2016年到2019年期间，我们看到国有企业和私营企业发展状况出现了分化，国有控股企业营业收入增长幅度为20%左右，企业的利润增加了近40%，亏损面缩小了。但是私营企业的营业收入下降了17.6%，亏损总额上升了104.2%，就是说增长了一倍多，这里说的私营企业没有包括全部民营企业，是民营企业中的一部分。这种情况和改革开放以来中小企业的长期表现是不一致的。

表3　疫情前的对比

	2016	2019	2019/2016
国有控股企业营业收入（万亿元）	23.96	28.83	20.30%
国有控股企业利润（万亿元）	1.18	1.64	39.20%
国有控股企业亏损总额（万亿元）	0.48	0.42	−11.70%
国有控股企业亏损面	26.80%	23.60%	
私营企业营业收入（万亿元）	42.01	34.62	−17.60%
私营企业利润总额（万亿元）	2.55	1.82	−28.70%
私营企业亏损总额（万亿元）	0.09	0.18	104.20%
私营企业亏损面	8.80%	13.60%	

过去中小企业经营状况总体而言，经营状况好，非常活跃，充满活力。2016年，从私营企业的亏损面上看，亏损企业数占全部私营企业数的8.8%，只有8%多一点的企业是处于亏损状态。这个情况比国有控股企业要好很多，同一年国有控股企业的亏损面达到26.8%。但是2016年以后发生了一个显著的变化，就是国有控股企业的亏损面有所缩小，而私营企业的亏损面却有显著的上升，从8.8%上升到13.6%，尽管这个亏损面还是明显低于国有企业，但是纵向比较，我们看到民营企业确实面临比较多的困难。这也从一个角度反映了中小企业在此期间面临的困难。

疫情下原始数据：近三分之一的私营企业处于亏损状态

今年的第一季度，由于疫情影响，所有的企业都遭受了比较大的冲击。

表4　2020年一季度疫情影响

	2019年一季度	2020年一季度	变动率
企业数（万户）	36.51	37.44	2.60%
营业收入（万亿元）	24.42	19.86	−18.7%
利润总额（万亿元）	1.30	0.78	−39.8%

可以看到，在规模以上工业企业中间，按原始数据计算，营业收入降低了18.7%，利润总额下降了接近40%，这是通过原始数据反映的情况。当然，包括我刚才讲的前几年的情况，我这里用的都是原始数据，而不是统计局公布的这些指标的增长率。统计局公布的增长率中前几年还都是正增长，但是关于这个正增长，学术界早有争论，因

为它和原始数据所反映的情况是不一致的，相对而言是脱节的。我认为，从原始数据这个角度，可以更真实地看到企业，特别是中小企业面临的问题。

表5 疫情对国企和民企的影响

	2019年一季度	2020年一季度	变动率
国有控股营收（万亿元）	6.78	5.76	−15.10%
国有控股利润（万亿元）	0.41	0.22	−46.30%
国有控股亏损（万亿元）	0.11	0.18	63.60%
国有控股亏损面	36.20%	44.50%	
私营企业营收（万亿元）	7.64	6.41	−16.10%
私营企业利润（万亿元）	0.33	0.23	−28.10%
私营企业亏损（万亿元）	0.06	0.10	49.80%
私营企业亏损面	20.40%	31.70%	

我们都知道，第一季度所有的工业企业，规模以上的工业企业营业收入和利润总额都发生了大幅度的下降，如果从国有控股企业和私营企业来看，变化也都分别反映在两组数据中间。我们看到国有企业营业收入和利润总额都发生了相当大幅度的下降，利润总额下降了46.3%，亏损总额上升了63%以上；私营企业营业收入下降了16.1%，利润下降了28.1%，亏损总额上升了接近50%，亏损面进一步扩大了。私营企业的亏损面和2019年第一季度，就是和上年同期相比，亏损面从20%左右上升到了31%以上，也就是说接近三分之一的私营企业是亏损的，这个情况大体上也能够反映出中小企业目前面临的状况。因为我们没有最新的大中小企业的分类别的统计，从私营企业的经营状况上，大体上可以看到中小企业的状况。

疫情影响还没有结束：复工不等于复产

现在，疫情影响还远没有结束，虽然大部分企业都已经复工了，但是复工不等于复产，特别是因为国内需求疲软，很多企业没有足够的订单、没有足够的顾客，出口企业还面临了更大的问题。因为整个世界范围内受疫情的严重影响，使得出口企业面临市场丢失、订单丢失，面临出口不畅的问题，这种情况可能还要维持相当长的时间。

在这中间，我认为中小企业，特别是其中的民营企业会面临更大的困难。一方面市场疲软，并且互相之间竞争非常激烈；另一方面，中小企业，特别是其中民营企业往往面临融资难的问题，他们在贷款方面有很多不利的影响因素，他们的税费负担相对来说是比较重的，而且绝大部分中小企业都不能享受各种政策优惠，而亏损是完全由他们自己来负担的。那么这种情况下，中小企业面临的困难会更大。

对于这些数据我还想进一步说明一下，前面所提供的数据只反映了一部分规模相对较大的中小企业的情况，因为国家统计局的所谓规模以上的统计标准，营业收入都是在2000万元以上，那么它没有包括更小规模的小型企业，也没有包括微型企业。但是我们看到，按不同规模来区分，实际上规模越小的企业，面临的困难会越多。

中小企业脱困的三个关键点：救助、救济、改革

我们国家中小企业包括微型企业在内，至少贡献了60%以上的GDP，贡献了80%到90%的非农业就业。那么中小企业面临严重的困难，

必然会对就业和经济发展构成严重的威胁。面对这样的困难，中小企业如何脱困？想要帮助中小企业脱困，我认为应该在如下几方面努力。

第一是救助。也就是说对困难企业进行救助，帮助他们渡过难关，把更多的财政资源、金融资源放在救助企业上，而不是放在扩大政府投资，去拉动经济增长上。

第二是救济。主要是救济困难的人群、失业的人群，保证民生、促进消费，保证了民生，促进了消费，实际上也就会促进经济复苏，带动经济增长。

第三是改革。所谓改革指的就是改革体制上存在的弊端，消除导致影响发展的一系列障碍。目前中小企业面临的困难，包括在疫情发生之前已经面临的一系列困难，都和体制问题、政策方面的问题是有关系的。只有通过改革，才能消除这些负面的影响因素，才能帮助中小企业更好地发展。

我个人还有一个建议，就是不要再设增长目标，而是专注民生和长期发展。

"三管齐下"：加大减税降费的力度　推进制度改革

（一）财政政策

在财政政策方面，我的建议是财政政策应该转向以企业救助和失业救济为重点，用减收为主，代替增支为主。我们过去的习惯是碰到困难的时候增加财政支出，进行大规模的政府投资来拉动经济；我们现在需要从这种传统的思维模式中转出来，减少企业的税费负担，也是积极的财政政策，而且我认为是更积极的财政政策，是更有效的财政政策。

这里需要加大减税降费的力度，我个人认为增值税的减免范围应该

从现在的小规模纳税人扩大到全部的中小微企业，让全部中小微企业通过减税获得减轻负担，从而能够继续发展的动力。

在财政增支方面，当然有重大意义的基础设施建设项目还要继续进行，还要继续投资，但是我认为应当减少那些必要性不大的政府投资项目，增加以工代赈，特别是劳动密集型的以工代赈项目来扩大就业。另外就是救济失业，救济困难人群，增加社会保障的支出，增加医疗、教育、住房等公共服务的支出，通过保障民生来促进消费回升，来带动经济复苏。

我们知道，在世界各国消费都是内需的主要构成部分，我们在讲扩大内需的时候，不要再延续过去只知道扩大投资的那个传统思维方式，我们国家的消费构成是偏低的，我们的消费率比世界平均水平要低很多，投资率比世界平均水平要高很多，我们一系列的结构失衡和过去某一个时期过度的投资压低了消费，有非常大的关系。所以促进消费回升带动经济复苏，我认为是目前的当务之急。

（二）货币和信贷政策

在货币和信贷政策方面，需要防止大水漫灌的货币政策，防止造成更大的结构失衡。信贷的重点从中长期的投资贷款，转向短期扶助企业渡过困难的贷款。通过政府贴息或者由政府资助，尽快地在各地建立信贷的担保中心，对面临资金周转困难的企业发放无抵押贴息贷款，帮助企业资金周转渡过难关。

（三）制度改革：通过改革来消除体制的弊端，消除发展的障碍

第一，打造公平竞争、效率优先、优胜劣汰的市场环境，国有企业和民营企业应当一视同仁，大中小企业应当一视同仁，建造一个公平竞

争的市场环境。

第二，切实减少政府的干预，实现资源配置由市场决定，企业的合法权益不应当受到侵犯。

第三，推动政府职能的转变，向服务型政府转型，要把服务民生放在优先位置上，把维护法律的公正、维护市场的公平竞争放在优先的地位。

第四，转变政府的支出结构，压缩非必要的行政经费支出和政府投资支出，建立一个民生优先、标准公平、公开透明的政府支出体系。

第五，推进户籍改革，尽早实现新城镇居民市民化，并且享受同等的社会保障、医疗、教育、住房等公共服务。我们国家目前在城镇四亿多就业人员中间，所谓的农民工，就是新城镇居民占了两亿多，占了50%以上，这些人目前大部分还没有享受到城镇社会保障的覆盖，没有享受到医疗、教育和住房方面的公共服务，解决这个问题是启动内需的一个关键点。

第六，建立商品住房和保障性住房双轨并行的住房制度，包括新城镇居民在内的全部城镇居民要尽早地实现居者有其屋。

第七，推进土地制度的改革，尽快开放土地市场。应该加快土地市场的改革，形成土地资源有效地通过市场配置，抑制地价和房价的虚高。

通过这些市场化方向的改革和政府改革，我相信会起到消除结构失衡、恢复市场活力、扩大消费需求这些方面的作用，形成长期持续发展的动力。

正确看待、
高度重视新冠肺炎疫情对农业农村的影响

魏后凯

要正确看待和高度重视新冠肺炎疫情对农业农村的影响，要把稳投资、促增收作为关键和突破口。

从目前的情况来看，新冠肺炎疫情对农业农村的影响不如工业和城市，也就是说对农业的影响没有对工业的大，对农村的影响没有对城市的大。

从今年第一季度的情况来看，我国第一产业的增加值下降了3.2%，下降的幅度是三次产业中最低的。相比较而言，这期间第二产业下降了9.6%，第三产业下降了5.2%。从第一产业对GDP增长的贡献来看，去年第一季度第一产业对GDP增长的贡献是1.8%，今年提高到了2.0%，

作者系中国社会科学院农村发展研究所所长。

还增加了0.2个百分点，这也可以看出疫情对农业的影响比工业、服务业要小一点。

从第一季度农林牧渔业的增加值来看，下降了2.8%，但是工业下降了8.5%。当然我们也知道，新冠肺炎疫情对农业农村农民的影响，在各个领域是不同的，具有差异性。

根据研究，疫情对鲜活农产品的销售，对农业生产资料的供应，对农民工的就业，对新型农业经营主体，对非农产业如旅游休闲产业等，这些行业影响比较大。

从目前新冠肺炎疫情对三农的影响来看，我想一定要重视两点。

第一点，要稳投资。今年第一季度受疫情影响，我国农业投资下降的幅度较大。稳投资，刺激农业农村的投资，对下一步农业农村的发展尤为重要。从第一季度的情况来看，农林牧渔业投资下降了12.1%，其中下降比较大的一个是农业，整体下降了20.7%，渔业投资下降了38.6%，也就是说农业即种植业的投资，比全国的投资下降的幅度要高4.6个百分点，渔业的投资下降幅度比全国平均水平高了22.5个百分点。所以我觉得，要恢复和促进农业农村的发展，首先就必须要稳投资。

我想可以利用这一次国家刺激投资，大规模搞新基建的机会，对农业农村的基础设施建设实行优先政策。从重点领域来看，比如说在农业基础设施领域，对高标准农田建设、水利设施建设、标准化养殖场等这些农牧业的设施，给予高度重视。从农村的公共服务设施来看，公共卫生服务、农村综合应急能力等，一定要引起高度重视。从信息化的设施来看，比如农业大数据平台建设，智慧农业、智慧农村的建设也应该引起高度重视。从人居环境来看，现在农村村内的道路、地下的管网、垃圾污水的处理，尤其是农村的地下管网，现在几乎所有的村庄都没有地

下的管网，近80%的村庄没有进行污水的处理。所以这些基础设施，应该放在国家基础设施建设的优先位置。对这些基础设施建设，国家在政策上当然要给予相应支持。同时，农村基础设施建好了以后，还要建立一个基础设施管护的长效机制。

第二点，要促增收。从这次疫情来看，新冠肺炎疫情对农民增收影响较大，加大了农村居民持续稳定增收减贫的难度。从一季度的情况来看，全国城镇居民人均可支配收入实际下降了3.9%，农村居民下降的幅度更大，实际下降了4.7%（名义下降0.9%），下降幅度比城镇居民高0.8个百分点。主要有两个方面原因，一个是农村居民的工资性收入在下降，第一季度名义下降了0.6%；还有一个就是农民的经营净收入下降幅度更大，名义下降了1.1%，但财产性收入第一季度名义增长了1.5%。

所以，一定要采取多方面的措施，稳定增加农民的收入，刺激农村产业的发展，来建立一个农民持续稳定增收的长效机制。如何增加农民收入，可以从三个方面来入手。

第一，要稳定农民工的就业，扩大就地就近就业的机会，稳定并持续增加农民工就业的收入。我们可以增加公益性的岗位，比如保洁员、水管员、护路员、生态护林员，等等。对带动农村就业比较多的经营主体，我们可以给予财政奖励。

第二，要鼓励农业农村创新创业，大力发展新产业新业态新模式。比如这一次在应对新冠肺炎疫情中，电商助农和智慧农业就发挥了积极作用，其发展潜力很大，而且也是下一步我国农业转型的一个大的方向。

第三，要扶持和促进新型经营主体的发展。根据这一次我们在疫情期间的网上调查，这次疫情对农场、合作社、龙头企业这些新型的主体影响更大。所以国家应该采取更加有效的政策措施，加大政策支持力度，来支持新型经营主体的发展。比如财政补贴、减免税费，比如在信贷、担保、保险等方面加大支持力度。

从长远发展来看，我觉得农村产业的发展，应该是我们乡村振兴、脱贫攻坚的一个关键。要通过产业发展，构建一个现代化的乡村产业体系，构建一个有利于农民持续稳定增收减贫的长效机制。

第四编　产业新格局

构建完整的内需体系
形成国内国际双循环新格局

黄奇帆

　　习近平总书记在参加全国政协十三届三次会议的经济界委员联组会时指出，面向未来，我们要把满足国内需求作为发展的出发点和落脚点，加快构建完整的内需体系，大力推进科技创新及其他各方面创新，加快推进数字经济、智能制造、生命健康、新材料等战略性新兴产业，形成更多新的增长点、增长极，着力打通生产、分配、流通、消费各个环节，逐步形成以国内大循环为主体、国内国际双循环相互促进的新发展格局，培育新形势下我国参与国际合作和竞争新优势。新形势下，总书记的这一论述不是简单针对当前产业链、供应链因疫情而中断所采取的权宜之计，而是在中国经济迈向高质量发展关键阶段的强国方略；不是因个别

作者系中国国际经济交流中心副理事长。

国家企图与我国脱钩、对我国围堵而迫不得已的内敛收缩，而是筹划以更深层次的改革、更高水平的开放加快形成内外良性循环的战略抉择。站在百年未有之大变局的历史关口，展望"十四五"，构建完整的内需体系、加快形成国内国际双循环相互促进新格局应当成为我们谋划中国经济下一程的重点内容。

一、全面准确理解"构建完整的内需体系"的内涵

"完整的内需体系"不是简单地讨论内需是什么，而是要深刻把握"构建完整的内需体系"的时代背景下，从形成内需需要什么样的基础、什么样的条件、有什么样的机制等维度，系统理解"内需体系"的丰富含义。

（一）构建完整的内需体系，要以稳定市场预期、提高社会资本投资积极性为着力点

企业家愿不愿意扩大再生产、愿不愿意从事创新性的冒险活动，与其对经济的预期、市场竞争是否公平、产权是否得到有效保护有关。判断民营企业投资积极性有一个核心指标，即全部民企的净资产增长率。每年有多少企业利润未分配、留存下来成为净资产，有多少社会股权资本注入实体产业。如果一个地方每年的民企仅仅是总资产在增加，净资产不增加，则说明负债在增加，经济杠杆率在增加，有可能产生泡沫。如果全社会企业尽管有利润但净资产在减少，就说明有更多的企业在亏损或者有企业在转移资产。当前，广大民营企业受疫情冲击最为严重，关键是要采取措施稳定民营企业家的信心、营造中国经济长期向好的预期。而关键在于落实好总书记在民营企业座谈会上提出的六条要求：一

要切实减轻企业税费负担；二要采取措施解决民营企业融资难融资贵的问题；三要营造公平的竞争环境，特别是鼓励民营企业参与国有企业改革；四要完善政策执行方式，将"加强产权保护"落到实处；五要构建亲清新型政商关系；六要保护企业家人身和财产安全。落实了这六条，海量的民间资本一定会再次活跃起来。

（二）构建完整的内需体系，须以供给侧结构性改革为主线，提高资源配置效率

根据经济学理论，作为内需的主体，消费和投资之间应当有个合理的比例关系。而这又取决于供给侧与需求侧之间能否有效衔接、动态匹配，取决于资源配置的效率。当前，针对消费升级的趋势，我们供给侧存在不少短板：在要素市场中，资金、土地、劳动力等要素合理流动仍存在不少障碍；在产品市场中，物流成本仍然过高、农村市场与电商对接仍存在最后一公里的问题；在服务市场中，受疫情影响，餐饮、商场、文化、旅游、家政等生活服务业遭受重创，教育、医疗、养老等领域改革有待深化。对此，中央提出了进一步推进要素市场化配置改革，建设更加完善的社会主义市场经济体制的意见，就是要通过深化供给侧结构性改革，提高供给侧与需求侧匹配的灵活性，提高资源的配置效率。

（三）构建完整的内需体系，要以就业扩大和居民收入的持续提高为基础

内需的基础在收入，在就业。没有就业，没有收入，内需就无从谈起。我国现有4亿中等收入群体，同时还有6亿中低收入及以下人群。当前，新冠肺炎疫情对实体经济的冲击已对民生就业带来巨大影响，失业率冲高，

部分群众收入下降，一些贫困人口脱贫后返贫压力加大。在此情况下，要进一步健全鼓励就业、促进就业的相关政策，加快形成以就业带动就业的新格局；要深化收入分配体制改革，进一步降低个人所得税率，提高劳动报酬在国民收入中的一次分配比重，在未来若干年内将4亿中等收入群体实现倍增，将6亿中低收入及以下人群减半。以此为基础，形成以中高收入人群消费为引领、中低收入人群消费为基础并逐步提升的消费结构。

（四）构建完整的内需体系，须更好发挥政府在扩大内需、维护市场中的作用

政府在扩大内需中可以有两个直接作用：一方面，通过政府采购形成当期消费需求；另一方面，通过政府支持的公共投资来形成有效投资需求。目前，这两方面都有改革的空间。要以建立健全政府采购政策落实机制为切入点，进一步发挥政府采购对扩大内需的促进作用、引导作用；提高和优化公共投资效率及结构，更多投向市场不能有效配置资源的公共卫生、城乡基础设施、生态环境保护、重大科技进步等公共领域，发挥公共投资对总需求的乘数作用。同时，还应注意到政府与市场不是简单的替代或互补关系，强市场需要健全的法治保障，"有为政府"能更好地维护和催生"高效市场"。"更好发挥政府的作用"的目标之一就是"让市场在资源配置中起决定性作用"。"有为政府"和"高效市场"二者是"和谐社会"的基础，共同为"和谐社会"提供法治支撑和充分就业。

（五）构建完整的内需体系，须形成内需外需兼容互补、国内国际双循环相互促进的新格局

不能仅仅就内需谈内需。在开放经济条件下，内需的形成和有效供

给也依赖于国际产业链、供应链的畅通和协同。在新冠肺炎疫情重挫全球贸易投资的大背景下，中国仍将会持续扩大进口以满足国内多样化个性化需求、仍将会以开放的姿态深度融入全球产业链供应链。中国是拥有14亿人口、4亿中等收入群体的超大市场，现在正好跳过了中等收入陷阱，进入了1万至3万美元的发展阶段，潜在的经济活力和发展的余地、空间还是非常大的。今后几年，我们自身的内循环就可以拉动中国经济正常增长百分之几，而且还可以通过增加进口拉动周边国家、国际社会经济增长，进而带动世界经济的复苏，拉动国际经济大循环，进而形成国内国际双循环相互促进的新格局。

二、深化改革加快疏通国内大循环

习近平总书记指出，我国经济潜力足、韧性强、回旋空间大、政策工具多的基本特点没有变。从近期看，构建完整的内需体系需要尽快疏通影响国内大循环的堵点，促进国内大循环。

（一）牢牢抓住创新这个驱动发展的不竭动力，尽快打通支撑科技强国的全流程创新链条，以创新创业"引领"内循环

本质上讲，创新就是通过创造新供给来催生新需求，一旦资本、资源、人力资本开始向新供给集中，新的需求就会被创造出来，老产业的生存空间就会受到挤压，产能过剩才能根本消除，而整个经济不但恢复平衡，能级还会有一个大跃升。这正是以创新创业引领内循环的含义所在。然而，当前我国科技创新方面仍存在三个短板，分别对应创新活动从无中生有到产业化的三个阶段。做好创新驱动，关键是针对这三个阶

段存在的短板分类施策。

第一阶段是"0—1",是原始创新、基础创新、无中生有的科技创新。这是高层次专业人才在科研院所的实验室、大专院校的工程中心、大企业集团的研发中心搞出来的,需要的是国家科研经费、企业科研经费以及种子基金、天使基金的投入。这方面我们有很大短板:尽管我国全社会研发投入已经占到GDP的2.2%,总量在全世界排第二,但投向较为分散;一些需要长期投入的基础研究领域(如为核高基提供支撑的领域)缺乏足够投入,基础研究投入占比长期徘徊在5%,与世界主要创新型国家存在15%—20%较大差距。建议集中优势资源加大对基础研究投入,在未来五年内将基础研究投入占研发经费的比重由5%提高到15%左右的水平,并在以后年份继续逐步提高。

创新的第二阶段是"1—100",是技术转化创新,是将基础原理转化为生产技术专利的创新,包括小试、中试,也包括技术成果转化为产品开发形成功能性样机,确立生产工艺等。这是各种科创中心、孵化基地、加速器的主要业务。这方面就要调动各类智商高、情商高、有知识、肯下功夫钻研又接地气、了解市场的人,建立技术转移机构或者担任技术经理人。作为科技与产业的桥梁,其使命就是面向企业和产业需求、组织和整合科技力量进行深度研发,通过将科学转化为技术、以中试验证和改进技术来为企业界提供先进的技术解决方案。著名的德国弗劳恩霍夫研究所就是干这个活的。类似这样的机构在德国有很多,这也是德国科技创新如此先进的关键所在。而中国恰恰就缺乏这样的机构。日前,科技部发布《关于推进国家技术创新中心建设的总体方案(暂行)》(以下简称《方案》),特别提出"国家技术创新中心不直接从事市场化的产品生产和销售,不与高校争学术之名、不与企业争产品之利。中心将研发作为产业、将技术作为产品，致力于源头技术创新、实验室成果中试熟化、应用技术开发升值，为中小企业群体提供技术支撑与科技服务，孵化衍生科技型企业，引领带动重点产业和区域实现创新发展"。这实际上就是在培育中国的弗劳恩霍夫，补技术转移转化的短板。接下来，要进一步理顺国家技术创新中心的激励约束机制，落实好《方案》提出的"全面落实科技成果转化奖励、股权分红激励、所得税延期纳税等政策措施，建立市场化的绩效评价与收入分配激励机制"。要通过这些体制机制的改革，催生一大批从事应用技术开发与转移的专业机构和技术经理。

创新的第三阶段是"100—100万"，是将转化成果变成大规模生产能力的过程。比如一个手机雏形，怎么变成几百万台、几千万台，最后卖到全世界去呢？既要有大规模的生产基地，这是各种开发区、大型企业投资的结果，也要通过产业链水平整合、垂直整合，形成具有国际竞争力的产业集群。这个阶段的金融服务重点是各类股权投资机构跟踪投资、企业IPO上市或者大型上市公司收购投资以及银行贷款发债融资等。这就需要发挥资本市场的作用了。近年来，我国资本市场的基础性关键性制度建设取得显著进展，特别是实行注册制的科创板上线为广大科技型企业上市融资打开了一个快捷及时的渠道。要发挥科创板示范作用，为创新注入资本动能。凡是属于"卡脖子"的技术产业化项目，科创板应优先考虑；凡是能够以产顶进，降低关键核心技术对外依存度的，科创板应优先考虑；凡是有利于促进内循环、提升产业竞争力的，科创板应优先考虑。要力争将科创板打造成与美国纳斯达克相媲美的资本市场，以科创板为龙头激活全流程创新链条，进而掀起全社会开展大规模科技创新活动的高潮。

（二）抢抓新一轮科技和产业革命新机遇，以新基建推动数字技术产业化、传统产业数字化，以数字经济"赋能"内循环

新基建作为数字经济、智能经济、生命经济这些人类未来文明的技术支撑，不仅本身将带来几万亿甚至十几万亿的投资需求，还将通过数字技术产业化、传统产业数字化、研发创新规模化而产生不可估量的叠加效应、乘数效应，可以对内循环产生巨大的赋能作用。

一是新基建有助于推动数字技术产业化，形成万亿级自成体系的数字化平台。新基建涉及的信息基础设施如5G网络投资、大数据、人工智能、物联网、云计算、区块链等本身将带来天量投资。其中，5G基站将会有500万—600万座，每座50万元，投资规模将达到几万亿。再如，各地正在兴建的数据处理中心，中国今后五年将会增加1000万台服务器。这1000万台服务器连带机房、电力等设施建设至少将带动投资1万亿元。再如物联网，预计未来5年将至少有30亿—50亿终端联网，形成万物互联，将带来投资规模也会达2万亿—3万亿元。人工智能、区块链等也将是万亿级的。预计2020—2025年期间，我国这些新基建投资产出以及建成后为社会带来服务产出将超10万亿元。

二是新基建有利于助推传统产业数字化，形成具有颠覆意义的产业互联网。所谓产业互联网，即利用数字技术，把产业各要素、各环节全部数字化网络化，推动业务流程、生产方式重组变革，进而形成新的产业协作、资源配置和价值创造体系。根据中国信息通信院数据，2018年我国产业数字化规模为24.9万亿元，同比名义增长23.1%，占数字经济比重由2005年的49%提升至2018年的79.5%，占GDP比重由2005年的7%提升至2018年的27.6%，产业数字化部分对数字经济增长的贡献度高达86.4%。这还只是开始，随着产业互联网深入推进，对经济的拉动、裂变效应将日益凸显。目前，中国工业总产值已达90万亿元，如果因产业互联网的广泛应用而提升10%的效率，就会产出9万亿元的增加值，经过资本市场催化后形成百万亿元级的市值。如果说中国的消费互联网市场目前只能够容纳几家万亿元级的企业，那么在产业互联网领域有可能容纳几十家、上百家同等规模的创新企业。这是一个巨大的蓝海，今后互联网数字经济中的独角兽主要产生于产业互联网系统。

三是新基建有助于完善中国创新体系，推动引领第四次工业革命。近代以来，人类已经历三次工业革命，第一次是机械化，第二次是电气化，第三次是信息化。目前，世界正在进入以智能化为特征的第四次工业革命。第一次、第二次工业革命期间，中国正值闭关锁国的沉睡状态、清末民初的动乱时期，都错过了。第三次工业革命，我们赶上了，新中国的成立特别是改革开放让中国得以参与到这场工业革命中，成为受益者，但不是引领者。2010年前后，科技革命呈现出了新的特征，一些领域出现新的突破，有人将之称为"第四次工业革命"。在这个时期，中国的创新能力也发生了新的飞跃，特别是在5G领域具备了参与甚至是引领第四次工业革命的基础。在新冠肺炎疫情深度冲击全球经济的大背景下，唯有科技、唯有创新才是走出危机、赢得主动的治本之道。加快新基建建设，特别是加快布局一批以大科学装置和大试验平台为代表的创新基础设施，同时辅以科技创新体制改革的深化，将有助于打造基础研究、区域创新、开放创新和前沿创新深度融合的协同创新体系，有助于进一步激发全社会的创新创造的动能，有助于中国引领第四次工业革命。

（三）创新发展思路，促进区域经济协调发展和布局优化，以培育新增长极和动力源"拉动"内循环

形成国内大循环离不开区域协调发展。在新形势下，一方面要通过城市群都市圈建设进一步增强中心城市和城市群等经济发展优势区域的经济和人口承载能力。另一方面，要跳出现有资源禀赋约束，用新技术新应用的系统工程寻找西部大开发的突破口，进而促进形成优势互补、高质量发展的区域经济布局。要在这些新增长极、新动力源中寻找扩大内需的机会和空间。

重点规划建设好城市群都市圈。当前我国城镇化率已经超过60%，各类城市正由各管各的发展阶段迈向都市圈和城市群发展阶段，特别是京津冀、长三角、粤港澳、长江中游城市群、成渝地区经济圈等地区已经开启了大都市圈、城市群的发展过程，其中的红利将高达数十万亿元级。而高瞻远瞩、科学合理的发展规划是发挥城市群都市圈基础设施的综合效益、促进相互协同进而优化资源配置的前提，是看不见的"经济学"。一是要合理安排城市群内部结构，形成以超级大城市、都市圈、城市群多重嵌套、分工协作的新格局；二是要按照"大联通、小分布"原则，采取"多中心、组团式"策略合理布局中心城市功能集聚区；三是注重以联通高效、无缝对接的综合交通网络降低城市"人流""物流"的综合成本。

进一步创新工作思路，用新技术新应用的系统工程推进西部大开发。西部大开发二十年来取得了重大进展，但发展不平衡不充分问题依然突出，巩固脱贫攻坚任务依然艰巨，与东部地区发展差距依然较大。事实证明，简单地把东部城市化、工业化、农业精细化的逻辑搬到西部是行不通的。西部之所以落后，不能归结为西部观念落后、知识不足、不懂得东部的运作方式，而是东部的这些方式并不适合于西部的资源禀赋。新形势下谋划国内大循环需采取超常规思路，应因地制宜地采用现代高科技、工程化、大资本、企业化和系统推进的方略。比如，西部土地多、人口少，发展农业不宜采用沿海那种劳务密集型的模式，而应发展高技术、工程化、企业型的新模式。建议学习以色列和新加坡经验，在有条件的地方利用大棚滴灌、立体种植和无土或少土栽培等技术发展新型戈壁农业，将广阔的戈壁滩改造成超大规模的蔬菜粮食生产基地，并通过中欧班列输送到欧洲或内地中东部。假设在西北地区这样的农业搞了10万平方公里（1.5亿亩，每亩1万元产值），将会产生1.5万亿元的产值，形成上万亿的农业增加值。同时，这相当于增加了1.5亿亩耕地，可以将因此而形成的耕地指标卖给东部地区，既筹集了资金，又为城市群都市圈建设增加了用地指标，一举两得。再比如，西部水光风电资源丰富，由于用电需求增长放缓、调峰能力有限、外送通道不畅等原因，近年来频频出现弃水、弃风、弃光问题。对此，一是通过发展抽水储能、化学储能等技术，平衡此类能源的峰谷差，将此类能源改造成稳定可持续的电力资源；二是加大特高压电网的投资力度，努力将这些地区富裕的电力通过特高压电网输送出去，提高对此类可再生能源的消纳能力；三是要在西部就近布局云计算数据中心，通过"东数西算"为东部提供低成本的云计算服务。总之，要通过这些新的技术手段和系统工程发展思路将西部地区富裕的清洁能源开发出来，进而转变为西部乃至全国高质量发展的物质支撑。

（四）落实以人民为中心的理念，采取有力措施调整收入分配格局，以居民充分就业和收入提升"支撑"内循环

2019年我国人均GDP已经突破1万美元大关，意味着中国即将跨越中等收入陷阱，但仍处于"爬坡过坎"的关键阶段，4亿中等收入群体和6亿中低收入群体并存。新冠肺炎疫情冲击之下，如政策不当，掉回中等收入陷阱的可能性仍是存在的。应采取特别措施刺激消费、促进就业、强化保障，进一步做大中等收入群体、缩小中低收入群体，加快形成纺锤形收入分配格局。

一是降低个人所得税。目前，我国个人所得税实行七级累进、最高45%的所得税率，在全世界算是较高的。我国每年的个人所得税占全部税收收入的比重为7%，大大低于发达国家20%、发展中国家15%的比重，甚至比俄罗斯都要低。之所以这么低，一个重要原因是高边际税率下，很多私营企业主在企业不领工资，而是将收入留在企业转成按25%的税率交企业所得税；一些高收入人群要么移民要么将企业迁到香港、新加坡等地以避税。按照国际惯例，个人所得税率应该小于或等于企业所得税率，现在企业所得税降到了25%，个人所得税最高边际税率也应由45%降到25%，相应的级次税率也应下降。此举不仅不会减少税收总量，反而会扩大税基，刺激消费，形成税收总量的增加，个人所得税占税收收入的比重也会逐步提升。

二是稳定小微企业所得税优惠政策。占数量80%的小微企业吸纳了70%的就业。2018年，国家有关部门针对小微企业出台了持续三年的所得税优惠政策：对年应纳税所得额低于100万元（含100万元）的小型微利企业，其所得减按50%计入应纳税所得额，按20%的税率缴纳企业所得税；优惠时间自2018年1月1日至2020年12月31日。此项政策将小微企业的实际税负降到了10%，可以说是全世界最为优惠的政策了。但为何大家都不知情，还在众说纷纭地提出各项优惠政策要求呢？除了有关部门宣传不够外，还与该政策不是立法、只是短期政策、缺少长远预期有关。考虑到立足国内大循环的战略需要，建议将这一短期性临时性政策转变为长远的基础性制度，上升为法律，以稳定社会预期。一旦小微企业缓过劲来，必将以新的就业带动更多就业，进而推动经济向好的循环方向发展。

三是增加农民财产性收入。6亿中低收入人群主要分布在农村。改革开放四十年来，广大城市居民收入有了很大提高，其中很大一块表现为财产性收入比重的提升。但与城市居民相比，广大农民除了务农收入和打工收入外，财产性收入占全部收入的比重始终停留在3%。这也是近年来城乡居民收入差距扩大的主要原因之一。对此，十八届三中全会确定了"坚持农村土地集体所有权""依法维护农民土地承包经营权""赋予农民更多财产权利"的改革思路，特别提出要"保障农民集体经济组织成员权利，积极发展农民股份合作，赋予农民对集体资产股份占有、收益、有偿退出及抵押、担保、继承权。保障农户宅基地用益物权，改革完善农村宅基地制度，选择若干试点，慎重稳妥推进农民住房财产权抵押、担保、转让，探索农民增加财产性收入渠道"。加快推进这些重大改革措施落地生效，对于缩小城乡收入差距意义重大。

四是增加社会事业支出。2019年全国居民人均消费支出21559元。其中，居住、医疗保健、教育文化娱乐三项支出合计占人均消费支出的43.9%，比2015年提高了3.7个百分点，制约了居民消费水平的提升。为此，政府应增加住房、教育与医疗等方面的财政支出，以换取

居民在这些领域减少支出，将节省的部分用于其他消费。比如，可通过增加大城市的保障房供给，提升公租房在城市住房中的比重，稳定商品房的房价（房租）；尽快将学前教育纳入公共服务范围，将义务教育拓展到高中阶段；加大力度鼓励学生报考医疗卫生专业，减免学费，大幅增加医护人员供给，以应对因中国老龄化慢病化加重而产生的医护服务供给短缺。

（五）打破部分行业政策性梗阻，促进供需实现高水平均衡，以新政策新应用新技术"疏通"内循环

过去几年，持续推进的供给侧结构性改革在化解部分行业的过剩产能方面取得了显著进展，国民经济大循环的水平和质量得到了显著提升。疫情冲击之下，一些传统行业可能会出现新的产能"过剩"，对此，我们不能再施以强行去产能的手段，而是要通过适度调整政策、创造新的需求来释放这些"过剩"产能。毕竟产能"过剩"总是相对的，是受制于特定的技术和制度环境。环境变了，供需条件也自然会发生变化。

比如，汽车行业。2019年我国汽车产销分别完成2572.1万辆和2576.9万辆，尽管产销量继续蝉联世界第一，但同比分别下降了7.5%和8.2%，有消费萎缩的迹象。根据世界银行的数据，2019年每千人拥有汽车量美国为837辆、德国为589辆、日本为591辆，甚至一些亚洲国家如马来西亚为433辆，而中国仅173辆，应该说市场前景十分广阔。但之所以出现汽车消费不振，一个重要原因在于我们有很多限制汽车消费的政策。在一些地方，老百姓明明有很强的购车需求，却因为限号、限牌政策而买不了车。如果放开汽车消费，使得中国能达到发达国家50%的水平，一方面可以满足市场消费需求，另一方面可以倒逼城市改造交通

设施，扩建立体停车库。事实上，现在一些城市写字楼已经出现产能过剩，而楼房型的立体停车库几乎是空白，将部分过剩的写字楼改造成立体停车库，既拉动了消费，又平衡了市场。

再如，钢铁行业。据工信部的数据，2019年全国生铁、粗钢和钢材产能分别为8.09亿吨、9.96亿吨和12.05亿吨，同比分别增长5.3%、8.3%和9.8%，产能增长较快，已有再度"过剩"的迹象。注意到在生产端，经过上一轮"去产能"，污染的、技术落后的、规模较小的产能都已经去掉了，现存的产能在世界上都算是比较先进的。在消费端，尽管来自建筑业的钢材需求占比已超过40%，但潜在的需求空间仍然较大：一是目前我国钢结构产量仅占我国钢产量的7%—8%，而欧美等国家（地区）这一比重为40%左右，提高各类建筑中的钢结构比重将显著扩大钢材需求。二是目前我国房地产用钢量为每平方米40—50公斤，而发达国家已达150公斤/平方米；我国每年新建十多亿平方米的房屋，如果能在建设标准中适度提高房屋用钢比重，甚至推广使用钢结构建筑，使每平方米建筑用钢达到150公斤，一年可以多使用1亿多吨钢材，有助于消纳这些先进的"过剩"产能。三是现在的钢筋混凝土房屋一般寿命为30年，钢结构房屋寿命可以长达70—100年，提高建筑用钢标准、推广使用钢结构，可以大幅提升房屋质量、延长房屋寿命，形成废钢炼钢的循环经济，也有利于抗震减灾，一举多得。

又如，能源化工行业。2019年，中国进口原油5亿吨，对外依存度达70.8%；天然气进口9660万吨，对外依存度达43%。未来几年对外依存度还会继续升高。这么高的对外依存度始终是国家能源安全的重大隐患。这些进口的原油、天然气有大部分用于生产各种化工产品。（注：全世界之所以用原油、天然气作为化工原料有技术上的路径依赖的原因。

欧美资本在这条技术路线上深根多年，长期的资本投入和技术进步降低了石油化工的综合成本。这条技术路线也被欧美资本带到了全世界，全世界采用了这条技术路线后又对原油、天然气产生了深度依赖。我们看到的石油美元正是这种"资源—技术—资本—产业—贸易"所主导的国际大循环的集中体现。中国在过去相当长一段时期不得不采用这个技术路线。）而我国有世界上储量最为丰富的煤炭，每年的煤炭产能50亿吨，实际产量40亿吨左右，似乎是"过剩"的。鉴于煤炭是天然的化工原料，建议对未来新增的炼化原油以煤炭来替代，发展煤化工、煤制油、煤制气，而不是简单用来发电（将来的电也将主要来自可再生能源）。这方面我国的神华集团等大企业已经具备了这个能力。如果增加8亿—10亿吨煤化工原料，就可以每年减少2亿—2.5亿吨的石油进口，既可以消纳"过剩"煤炭产能，又可以降低石油、天然气对外依存度。目前煤化工这条技术路线无非是遇到成本和清洁利用技术的制约，这可以通过科技创新和新技术应用来逐步解决。建议引导相关领域有实力的央企民企进入该领域，用持续不断的资本投入来发展煤炭清洁利用技术，以技术进步和管理创新将这条技术路线的综合成本降下来、降得更有竞争力。

（六）要深化关键性基础性体制改革，加快构建高标准市场体系，以市场化改革新成果"改善"内循环

深化要素市场化配置改革。今年3月30日，《中共中央 国务院关于构建更加完善的要素市场化配置体制机制的意见》发布。这份重磅文件提出了许多生财型、聚财型和资源优化配置型改革，既具有针对性和前瞻性，又具有极强的战略意义。比如，"探索建立全国性的建设用地、补充耕地指标跨区域交易机制""放开放宽除个别超大城市外的城市落户限制，试行以经常居住地登记户口制度"等措施有利于提升要素流动性，有利于引导各类要素协同向先进生产力集聚。另外，在当下经济增长和财政收入因疫情而大幅受挫的背景下，这种不花钱或少花钱却又能带来巨量红利的改革不仅符合经济社会实际，也有利于复工复产、激发企业活力、重启经济循环。

加快组建国有资本运营公司。2018年，我国企业国有资本权益总额58.7万亿元，99%的股权资本是工商产业型资本投资公司的资本。建议加快落实十八届三中全会提出的"组建国有资本投资、运营公司"的有关要求，从现有产业型国有资本投资公司总盘子中划转出价值10万亿元左右的股权资产来组建若干个国有资本运营公司，让这些运营公司像新加坡淡马锡公司或美国巴菲特的投资公司或者像私募基金那样专注另类投资、股权投资，根据被投资企业的效益来决定进退，再与资本市场结合起来，国有资本就盘活了。如果这10万亿元的投资能实现年化回报10%，每年就会有1万亿元左右的收益，可以为国家安全、公共服务等需要国有资本进入的领域提供持续稳定的资金来源，而不用增加财政负担。从工商产业类退出的10万亿元资本可以为民营经济腾出20多万亿元工业、商业、产业类市场空间，进一步鼓励并推动民营经济发展，从而打通国有经济与民营经济的资金循环，有利于推动混合所有制改革、激活经济全局。

推进物流运输体制改革。中国全社会各种物流成本占到了GDP水平的15%，而美国只有GDP的7%，欧洲、日本在6%—7%，甚至连东南亚发展中国家也只有10%左右，物流成本偏高已是社会共识。其中一个重要原因是铁路运量比重低，目前仅占总运量的9.5%，公路、水路分别占74.3%和16.2%（美国铁路运量的比重是20%）。一般来说，铁路运输的

成本是高速公路成本的1/3，如果把铁路运量比重提高到15%—20%，将有效节约物流成本。为此，建议围绕提高铁路运输货运量在各类运输方式中的比重，一是将铁路线尽快延伸到各类开发区、厂矿企业去，打通铁路运输"最后一公里"；二是随着高铁线路的逐步延伸，可以将原来的普快调整为货运专线，提升利用率；三是在一些交通枢纽深化改革、提升多式联运效率；四是要推进新一代信息技术在交通运输中的应用，建设人流物流信息流多流集成、高效畅通的智慧交通。

推进内外贸监管一体化。跨境电商作为互联网时代发展最为迅猛的贸易方式，未来将成为国际贸易的主流。近年来，我国跨境电商进出口总额虽然年均增速超过50%，但在进出口贸易总额中比重不到2%。其中的部分原因就源于内外贸监管体制的分割。比如，跨境电商做零售不能做贸易批发。又如，零售商又被切分为保税进、保税出、一般进、一般出四种类型，只能择其一种来经营，不能四位一体干零售。而内贸就没有这样的限制。这种跨境电商的监管体制严重束缚了企业的经营能力。从国际视野看，国际巨头亚马逊从事跨境电子商务，其不分国内国际、进口出口、批发零售，全方位一体化，值得我们借鉴。最近海关总署已经允许在跨境电商综试区试点B2B，建议进一步打破零售与贸易批发的界限，允许所有跨境电商企业都可以做2B、2C，把零售和进出口贸易一体化，允许企业根据自身的需要自由地选择零售或批发等不同业态，为其开展国际供应链整合创造条件。

三、以高水平开放助推国际经济大循环

十八大以来，中国对外开放格局呈现出五个新的特征：一是从引进

外资为主，转变为引进外资和对外投资并重。二是从扩大出口为主，转变为鼓励出口和增加进口并重。三是从沿海地区开放为主，转变为沿海沿边内陆协同开放、整体开放。四是从关贸总协定和WTO框架下的货物贸易为主，转变为货物贸易和服务贸易共同发展。五是从融入和适应全球经济治理体系为主，转变为积极参与甚至引领国际投资和贸易规则的制定修订。对外开放格局的这五个转变是中国助推国际经济外循环的基础。当前，在全球贸易保护主义、单边主义抬头和疫情冲击全球经济大背景下，形势越困难，就越是要保持开放、扩大开放，在变局中开新局。新形势下，要按照习近平总书记在第一届进博会上的讲话精神要求，重点抓好"激发进口潜力""持续放宽市场准入""营造国际一流营商环境""打造对外开放新高地""推动多边双边合作深入发展"这五件大事，以高水平开放助推国内国际双循环。

（一）稳步降低关税水平，适度扩大进口，提升我国在世界经济舞台上的话语权

习近平总书记指出，中国主动扩大进口，不是权宜之计，而是面向世界、面向未来、促进共同发展的长远考量。事实上，当今世界，出口大国未必是经济强国，因为出口可能大量是劳动密集型产品、来料初加工产品。而进口大国一定是经济强国，进口所需的外汇可能来自技术和服务等贸易顺差，货币纳入SDR成为世界货币也可与各国直接结算。建议在未来3—5年内，将关税总水平由现在的7.5%逐步降到5%左右，实现与发达经济体大致持平。主动降低关税水平，一是可以直接降低消费者进口成本，有利于产业转型升级，增加群众消费福利；二是有利于增加进口，促进实现进出口平衡，为实现国际收支平衡创造条件；三是有

利于在新一轮经贸谈判中占据主动，进口规模大了，我国在世界经济舞台的话语权自然也大了。

（二）进一步开放投资领域，持续放宽服务业市场准入，加快引资补链扩链强链

当前，全球流动性泛滥已成定局。从全球来看，中国市场目前疫情控制得最好，也是投资风险最小的地方。只要我们进一步扩大开放，这些资金背后的产业资本必纷至沓来，不仅部分外资转移产业的计划将被打消，还将帮中国迅速完成"补链""扩链""强链"。近日国务院常务会议通过了2020年版外商投资负面清单，其中全国外商投资准入负面清单由40条减至33条，自贸试验区外商投资准入负面清单由37条减至30条。特别是金融领域取消了证券公司、证券投资基金管理公司、期货公司、寿险公司外资股比限制；制造业领域放开商用车制造外资股比限制；农业领域将小麦新品种选育和种子生产须由中方控股放宽为中方股比不低于34%。这些都为我们抓住机遇引资补链创造了条件。建议进一步扩大物流、研发设计、数字经济等服务业的开放，吸引更多全球产业链相关企业落户中国、加入区域产业链集群，进而打造空间上高度集聚、上下游紧密协同、供应链集约高效、规模达万亿元级的战略新兴产业链集群。一旦形成了这样的产业链集群，在国外需求依旧疲软的时候可以通过努力营造以当地需求、国内需求为拉动的产业小循环，保证产业链集群的健康发展；当国外市场复苏的时候，进一步加强国际合作，扩大产业集群规模和发展质量，通过加强区域产业链合作带动全球产业链的大循环。

（三）按照国际化法制化便利化的要求，加快打造国际一流营商环境

近几年，根据世界银行的标准，中国在营商环境改善方面取得了显著进步。这与我们持续不断深化放管服和其他有关方面改革有关。在新形势下，要实现国内国际双循环互相促进，仍然离不开营商环境的国际化法制化便利化，甚至这方面要求更加迫切了。这就要在现有基础上继续深化改革，将营商环境建设继续推向深入。众所周知，国际高水平经贸规则中对营商环境有八个方面的要求，涉及准入前国民待遇、负面清单管理、知识产权保护、生态环境保护、劳工权益、竞争中性、服务业开放、数字贸易等八个方面内容。营商环境国际化，主要是在这八个方面与国际接轨，实现营商环境趋同化。所谓营商环境法制化，就是要将这些营商环境的具体要求上升为法律、转化为可问责的制度规则。所谓营商环境便利化，就是要最大限度为各类要素跨境自由流动提供便利，实现成本最小化。

（四）以建设自贸区和中国特色自由贸易港为依托，建设开放新高地

现在我国已形成了以18个自贸区和1个自由贸易港为高地的对外开放新格局。无论是自贸区也好，还是自贸港也好，一个重要使命就是要围绕贸易自由、投资自由、资金流动自由、运输自由、人员停居留和就业自由、数据流动自由等方面进行先行先试，建设开放新高地，拓展中国经济对外开放的高度、深度和广度。所谓高度，就是要以自贸区（港）为依托，培育与国际市场相通的制造业、服务业在内的产业实力和能力，

打造具有国际影响力的先进制造业集群、战略新兴产业基地、要素和大宗商品交易配置平台和国际贸易航运枢纽等。所谓深度，就是要围绕率先建成国际一流营商环境，大幅降低外资在金融、保险、物流、研发设计、教育卫生、数字经济等领域的准入门槛，建立准入前国民待遇和负面清单制度，建立健全竞争性市场体制。所谓广度，就是将改革开放和产业升级的措施形成可复制、可推广的成果。

（五）抓住机遇加快FTA谈判，积极参与国际经贸规则谈判和制定

近日，修订后的美加墨协定正式生效，其中的毒丸条款就是针对中国而来的，是其试图削弱中国在全球贸易和产业供应链中地位的重要一步。接下来美国大概率会延续在推动协定时的主要操作手法，与欧盟、英国、日本等达成类似的FTA协议。这实际上对我国形成了新的围追堵截。对此，我们应抓住当前中国正恢复欣欣向荣，而欧美陷于危机的机遇，加快中日韩、RCEP、中欧BIT谈判，中英BIT谈判，适时启动加入CPTPP谈判。要通过参与这类经贸规则谈判，一方面努力打破美国在世界范围内"去中国化"的图谋；另一方面，要将这些国家和地区的科技、产业、资本和人才通过FTA规则吸引到中国来，促进中国产业链供应链价值链更加完整、更具韧性、更有竞争力，加深这些国家和地区对我国经济的联系，牢牢扭抱在一起。

因为疫情，世界经济陷入衰退。对此，正确的做法应该是继续高举全球化大旗，更合理地发挥市场对资源的优化配置作用，更好地形成全球各地、各国各企业之间的分工配置，维护国际经济良性大循环。那种以邻为壑搞脱钩、推卸责任拼命甩锅、搞单边主义和逆全球化的做法是

在开历史的倒车，注定不会成功。我们要以高水平开放反制逆全球化、以改善营商环境反制"撤资论"、以超大市场的吸引力反制"脱钩论"，加快形成于我有利的国际经济大循环。我们坚信，在以习近平同志为核心的党中央坚强领导下，中国正在塑造以国内大循环为主体、国内国际双循环相互促进的新格局必将推动我国开放型经济向更高质量发展，推动全球化朝着更深领域演进。

疫后产业新格局的十大趋势

张燕生

　　第一个趋势就是世界各国对产业链、供应链、价值链安全的重视程度大幅度提升。这次新冠肺炎疫情有一个特点，即本国产业链参与国际工序分工体系程度越深，技术和产业的复杂性越高，链条越长，对于全球综合物流和供应链管理体系的依赖程度越大，受到的伤害和冲击也就越大。因此从这个角度来看，疫情结束后，各个国家的产业链和供应链布局对安全的考量可能会高于效率的考量，公民的整体利益可能会大于消费者的个体利益，安全成为关键的变量。

　　第二个趋势是世界主要国家的产业链、供应链可能会更倾向于本地化和区域化。其中，新冠肺炎疫情导致全球供应链体系中断，加剧超级全球化收缩或倒退产生的产业链、供应链的本地化趋势。同时，AI、工

作者系中国国际经济交流中心首席研究员。

业互联网、物联网等新科技和产业革命对产业数字化转型的影响也呈分散化，这三个因素汇合到一起会引起全球的产业链和供应链体系重塑，产业链、供应链变得更短、更本地化、更分散化。在超级全球化时期跨国公司的全球布局形成的产业链过长、价值链过于国际化和供应链过度强调零库存及时供货的紧运行，现在出现了严重的全球断链断供的系统性风险。

第三个趋势是世界主要大国强化对全球科技竞争优势的主导控制能力。不断对基础研究、应用基础研究、开发和试验研究等不同领域加强管制和强力干预，对一些高技术企业开发和试验研究中的国际交流与合作采取了更多科技保护主义、投资的保护主义、贸易的保护主义举措。这种情况下，会大大增加全球科技和产业脱钩的风险。

第四个趋势是制造业的本地化和服务业尤其数字化转型的全球化深度融合。谈产业链供应链本地化、区域化、分散化更多是制造业，而服务业尤其是服务贸易、技术贸易、电子商务贸易的全球化趋势发展非常快速。来中国投资的FDI过去70%以上都是制造业，现在来中国投资的FDI70%以上都是服务业，虽受疫情影响，仍保持着较强劲的进入态势。

第五个趋势是国际大三角的产业分工格局正在出现快速调整。过去美国和欧洲给全球提供市场和技术，东亚给全球提供制造和人力资源，中东和非洲给全球更多提供能源和资源。现在美国、欧洲推动再工业化，为了创造中低端就业，产业链的上下游、中低端制造业投资都欢迎。在这种情况下，这种大三角的格局正在出现分化，三个角都在向对方的优势领域进行蚕食延伸扩展。

第六个趋势是产业链东移的态势明显加快。这次新冠肺炎疫情率先稳定的是中国和东亚地区，那么世界三大生产网络率先稳定的也是东亚

生产网络。这种情况下就遇到一个很大的矛盾，东亚生产网络开始趋于稳定，而美欧疫情仍处于最困难的反复阶段，美欧两大生产网络的产业链、供应链出现收缩或中断。疫情冲击加速了全球需求东移、供给东移、创新东移的趋势。由此会带动东亚生产方式加速调整，从要素投入增长驱动模式开始转向了要素生产率增长驱动模式，从全球制造加工组装基地开始转向全球市场，从制造业的中心转化成制造和服务的双中心驱动。世界知识产权组织等发布的2020年全球创新指数报告揭示了全球创新要素东移的新趋势。

第七个趋势是全球产业布局的区域化格局正在形成。亚洲地区现在推动的RCEP最大的特点是开放包容共享，从最发达的经济体可以参与地区经济开放进程，到最不发达的经济体也可以参与和共享，也能考虑和照顾到地区发展状况多样性，对其他地区也不采取排他性政策。亚洲生产网络，将逐步形成由中日韩FTA、RCEP和FTAAP三个不同层次区域贸易协定构成的产业链、供应链合作体系。美墨加协定等贸易协定则不一样，它具有明显的排他性、高标准、一揽子协定的集团化特征，对区外企业形成了更高的准入门槛。所以，一个开放包容共享的区域贸易协定和开放地区主义对亚洲产业布局非常重要。

第八个趋势是新冠肺炎疫情影响下养老健康、医药、人工智能成为成长性最好的前三位产业。第一个是医药产业。新冠肺炎疫情的核心是提高人自身的免疫力，中药这方面的医疗效果很好，中西医的结合非常重要。第二个是健康产业。新冠肺炎疫情提升了人们对健康的重视，大家发现提高自身免疫力、保持自身健康状况，多洗手、早睡觉、营养足是防范疫情最好的办法。第三个是人工智能。当线下各项活动中断的情况下，线上的会议、广交会、谈判和交流需求大大增加，就会促进云计算、人工智能和工业物联网的发展。因此预计疫情结束以后，医药、健康和人工智能会成为人们预期产业链、供应链发展最快的三个领域。

第九个趋势是产业的布局开始分散化。现在有一个词叫宅，宅在家里以后，出现的一个问题就是怎么满足宅在家里的人的个性化需求、多样性需求、主观体验的需求和对虚幻的需求，因此基于新的贸易、新的技术和新的消费的新产业链供应链的方式就产生了。虽然产业链、价值链、供应链越来越短，越来越分散，越来越本地化，但是它嫁接的是人工智能、云计算、大数据，是智能化、自动化、数字化，因此短并不等于没有效率，而是更能满足新需求的痛点，更有弹性和韧性。

第十个趋势是高质量共建"一带一路"成为产业布局的新增长点。今年前九个月，中国对外贸易增长较好的市场区，一个是周边的东盟市场，成为目前我们第一大贸易伙伴；另一个是"一带一路"市场区，占我外贸进出口的比重接近30%。外贸企业对"一带一路"市场最大的担心和风险是什么？是拉丁美洲、印度这些亚洲的其他地区甚至非洲地区会不会成为第三波疫情暴发的区域？会不会出现像美欧面临的疫情蔓延和反复的情况？因此"一带一路"核心的问题是共同联合抗疫。如果新冠病毒在"一带一路"相关经济体不能得到控制，或新冠疫苗的研发推广不能建立有效的国际合作机制，如果发生了像美欧一样的新冠肺炎疫情蔓延场景，那将是一场人道主义灾难。从这个角度来看，国际社会尤其对中国及亚洲来说，需要帮助"一带一路"相关地区能够尽早进入科学抗疫、科学防疫的过程中，帮助他们保障民生、推动经济社会生活正常化。

有三个因素对影响这十个新趋势发展变化非常关键。第一个因素是新冠肺炎疫情的特点是会造成全球供应链体系的中断。如造成疫区消费

投资和进口的中断，是隔离还是维持供应链运转是一个两难的选择。推动供应链数字化转型可能是一个重要方向。第二个因素是新冠肺炎疫情是人类和病毒之间的斗争，是更强调自身自由还是更强调同舟共济合作是另一个两难选择。作为人类命运共同体，大家生活在同一个世界，加强合作非常重要。最后一个因素，想要战胜新冠病毒，推动科学、技术、创新发展非常关键。尤其在新冠疫苗、药品开发和综合治疗手段探索方面，推动科技创新全方位国际合作很关键。

仅从新冠肺炎疫情角度看，东亚地区疫情最早趋于稳定，东亚产业链、供应链、价值链恢复也最早，经济社会生活的正常化就会快，对外合作就会早。从这个角度看，东亚地区面对的问题，一是缺少订单怎么办？要扩大本地区需求创造新订单。二是缺少关键零部件和原料供应怎么办？要加强本地区关键零部件和原料生产本地化。三是缺少技术怎么办？要加快创新要素东移速度和本地研发创新合作。四是缺少地区货币、金融合作机制怎么办？要加快推动地区货币和金融体系建设合作。五是缺少地区公共产品和服务供给怎么办？要加快东亚治理体系和机制建设，构建东亚命运共同体。这可能是新冠肺炎疫情给东亚地区合作带来的新变化。

疫后举措：兼顾短期刺激与长期良性发展

白重恩

中国的疫情得到了比较好的控制，但是从全球来看我们还在疫情中，还有很大的不确定性。从全球的角度来说，还不能说疫后，但是现在我们仍然可以对一段时间内中国经济应该做些什么，做一些推断，比如，我们的经济格局会是什么样，我们的产业新格局会是什么样。

首先，我们需要不断地改善生产和消费环节中的一些困难，改善我们的生产和消费环境，让它能够恢复正常的条件。如果说有一些消费环境不能恢复正常，很难想象我们的经济能够恢复正常，这是我们的首要任务，实际上我们也做了很多这样的工作，来改善生产和消费环境等，使其恢复正常的条件。

此外，我觉得有一个特别重要的工作，就是保护那些长期来看具有

作者系清华大学经济管理学院院长、弗里曼讲习教授。

比较好的发展前景，但是因为疫情短期内受到严重冲击而面临困难的企业。如果我们不好好地保护这些企业，其中有一部分或者是很大一部分失败了甚至破产了，这会给经济带来非常大的损失。失败的企业不仅会带来就业问题，长期来说比较难逆转的还有企业的无形资产。如果一个企业失败了，它的无形资产就消失了。一个新建的企业要花很长的时间、很多的精力才能建立这些无形资产。所以一时失败了带来的经济损失是非常大的，也会为未来的经济恢复带来特别大的困难。

另一个工作就是要保护金融体系。我们金融体系有一个非常重要的功能，就是为实体经济供血。如果在这一段时期内，我们金融体系受到了很大的损失，那么它未来为经济体系供血的能力也就受到了负面的影响。

同时，我们要保民生，在这个阶段我们很多企业面临着困难，为这些企业工作的员工同时也面临了困难，我们要保证这些员工的生活能够正常运行。此外，其实即使没有疫情，也需要做一些结构调整，疫情要求我们更快地去做这些事。

另外，疫情也带来了一些影响，会对未来的经济结构、产业结构产生影响，我们需要顺应疫情所带来的这些长期的结构变化，比如外需、供应链、数字经济。

在我们考虑到做什么的时候，要特别注意，尽量避免短期的刺激造成长期的不良影响，过去有过这样的教训。有的时候为了保增长，我们采取了一些强有力的措施。这些措施为当期保增长确实起到了很好的作用，但是长期来说，可能会带来一些不良影响。

关于保护长期有发展前景的企业方面，首先生产和消费环境恢复正常非常重要。其次，就是要给这些企业创造需求。有些产业，即使给消费者发消费券，或者是增加消费者的可支配收入，也很难给这些行业带来需求，比如国际旅游，因为消费的环境不存在。对于有条件增加需求的企业，我们应该想办法增加它的需求。对于面临很大的压力的企业，我们要想办法减缓企业面临的现金流压力，这里面包括人工成本、资金成本、租金减免、税费的减免，等等。对于个别企业，我们需要考虑进行一定的财政补助。当然，要注意行业间的差异和行业内的平衡。

我们现在应该加速去做，还有一些是我们疫情所带来的结构调整的需求。

首先是居民支出。居民支出其实是一直都要做的结构调整。我们的居民消费占GDP的比重不到40%，跟全球其他国家相比，这是比较低的。我们看G20这些比较大的经济体，居民消费占GDP的比重，几乎都高于50%，还有一些经济体的居民消费占经济的比重高达70%以上。未来经济要保持可持续发展，就要增加居民消费占GDP的比重。我们经济增长的目的也是改善人民生活，而居民的消费是人民生活中一个非常重要的部分。

消费，我认为我们的短板是服务消费。我们货物的消费比较正常，但是服务消费有很大的缺陷，包括医疗卫生、养老。养老里面又有与之相关的一些金融服务。养老保险不能只靠政府，有一些也需要居民为自己准备一些养老保险，教育、体育、健身、文娱等，这些都有很大的发展空间。随着我们经济的发展、人民生活水平的提高，以及人口的老龄化，这些服务消费领域发展的空间会越来越大。

我们城镇化的水平不够高，未来还应该不断地提升城镇化的水平，特别是提升城镇化的质量。随着这个进程，也会影响产业结构，特别是跟进城农民住房相关的一些投资和消费。这和土地政策有很大的关系，

我们希望在这方面能够有所调整，能够帮助我们的居民在这方面更好地享受到城镇化带来的好处。

跟贸易相关的产业结构调整。过去十年，我们劳动密集型的出口占全球的劳动密集型出口的份额是在降低的。这个可能很难逆转，因为随着我们经济发展水平的不断提升，我们劳动力的成本也会提升。另一个结构问题，就是在其他国家，比如日本和韩国的历史中，当它们的劳动密集型的出口占全球的份额在降低的同时，后面紧接着就是资本与技术密集型的出口占全球的份额上升。而我们遇到的情况是资本和技术密集型的出口占全球的份额也在下降，这个是需要改变的。

随着我们技术的不断发展，我们提供资本和技术密集型产品的能力是越来越强的，但是我们也面临阻力，主要是贸易的阻力、贸易的摩擦在不断地加大，甚至还有可能继续加大。在这样的环境中，要求有一些产业，既能顺应我们比较优势的改变，又能克服贸易摩擦所带来的问题，这样才有更多的出口机会。

不同的贸易伙伴我们面临的贸易摩擦问题。比如很多贸易摩擦问题是出于对国家安全的关注，我们可以想办法来消除贸易伙伴对一些国家问题的担忧。

还有一些国家可能和我们的贸易摩擦比较小，我们要想办法对这些国家进行更多贸易，这就需要我们对贸易结构不断进行优化。

关于全球供应链。其实在疫情发生之前就已经有比较大的全球供应链风险，我们有一些进口产品对供应链非常重要，但是它们的供应是不安全的，我们需要对供应链的安全做出更好的安排。疫情使得对供应链安全的关注更加重要，这不仅仅是中国对供应链的安全更加关注，其他的国家也会考虑。在这方面，一方面我们要做出很大的努力，来保障我们供应链的安全；另一方面也不能完全脱离全球的供应链体系，所有的东西都自给自足，这对效率也会产生非常不利的影响。我们要做两手准备，一方面要有底线思维，安全上有所保障；另一方面我们还是要充分利用全球化带来的效率的机会。过去这些年我们是全球化的受益者，未来还应该继续从全球化中获得利益，同时考虑我们供应链的安全。

产业结构的调整中，还有一个很重要的方面就是数字经济。我们的数字经济应该说是长期的趋势，即使没有这次疫情，我们的数字经济在未来经济中也会有重要的地位。我们在这方面也有优势，一个很重要的原因就是我们有大的市场，而数字经济中有一些部门对市场规模非常敏感。这次的疫情又给数字经济的发展带来了新的推动力，很多经济活动线上化，在线办公、教育、医疗、会议、数字政府、网上零售，等等，那么疫情期间带来的经济活动的线上化，它可能会带来持续的影响。

数字经济要得到比较好的发展，有几个方面的因素需要考虑。一是数据本身就作为一种要素，现在这个要素没能很好地进行市场化的配置，那么我们未来需要考虑怎么来对数据要素进行比较好的市场化的配置。这当然有很多困难，因为数据作为一种资产，它跟别的资产不同，所以我们需要对数字资产的属性以及对数字资产的评估、定价、核算有一整套的体系来支持数据经济要素的市场化配置。

数据经济的治理也会带来一些挑战，我们考虑未来产业发展的时候，必须要考虑数据经济的治理会有什么改变，这样的改变对我们的产业会带来什么样的发展。数字经济不仅对相关企业本身带来影响，也给整个市场环境带来了影响。比如，数字经济已经使得交易成本更低，未来我们还期待，数字经济能够使我们的信用体系和金融体系变得更加完善。

在数字经济的发展中，我们过去在消费互联网方面发展得是比较好的，但是在工业互联网发展方面我们还有很大的追赶空间。一个很重要的原因是，消费互联网的一些服务是通用的，有一个平台，很多的消费者都可以使用，这对于我们这样一个大市场来说，这种平台发展的条件比较好。工业互联网也有一些通用的，比如线上会议对企业有很大的用途，这部分是通用的。但是有很多工业互联网这种技术是专用的，这就无法凸显大市场优势。我们要发展工业互联网，还有很多工作需要去做。

二是在消费互联网方面，已经有了非常好的发展，我们未来还会有一些新的发展，特别需要关注的是5G可能带来的影响。5G改变了移动终端本来的一些功能。比如我们现在的很多计算是在终端上计算的，未来5G发展了以后，很多计算可以到云上计算，这就会使移动终端的功能得到极大的扩展，这会对我们产生什么样的影响，是非常值得思考的。

三是在工业互联网方面，我们现在发展得还不是很好，因此特别要考虑人才创新的作用，而且需要这些人才的创新能够更快地应用到实体经济中。另外，我们要建立面向产业链聚集的产业互联网的新生态，工业互联网的建设跟新生态有很大的关系。

现在数字经济要发展，我们还要考虑数字经济的基础设施。新基建和这个有很大的关系，所以一定程度上我们要加快新基建的建设，但是新基建的建设也要把握好节奏，这对于我们保持投资的高效、新基建的高效是非常重要的。

有了基础设施，要享受数字经济还需要有移动终端。大部分人没有问题，但是一些边远地区的人、贫困人口，移动终端对他们来说仍然是一个奢侈品。所以我们怎么让移动终端普及，让数字经济能够给每个人带来好处，这个可能需要政府做一些工作。总的来说，新基建的建设我们现在需要加快它的速度，同时要掌握节奏，但是对传统基建，就得特别地谨慎。因为传统基建尽管能够创造需求，短期可能会解决一些就业问题，但是它创造的需求能不能救我们那些应该救的企业，这是需要特别地考虑。另外传统基建的长期影响是什么，我们也需要特别地考虑。如果做得不好的话，它可能会带来未来某些产业的过剩、产能的过剩，加剧这些产能的过剩，所以我们需要特别谨慎。

疫情、经济发展与数字化

张文中

我分享一下自己对于疫情，对于当前经济发展，对于数字化的想法。

第一，疫情凸显生鲜食品是人民真正的刚需，生鲜食品行业是国家离不开的重要战略产业。流通更是生鲜食品最重要的环节。

现在疫情在全国人民的努力下初步得到缓解，但是当时疫情突至的巨大压力我们也记忆犹新。我清楚地记得全国性的小区管理实施之后，大量的居民碰到怎么解决日常生活必需品的问题，从南到北都是这样。这个时候社区超市、食品流通店开始发挥重要作用，尤其是有组织的、大规模的流通企业功不可没。因为这些企业能够真正把商品组织起来，送到老百姓的手里。这个时候国家市场监管总局也发出了"保价格、保质量、保供应，我们一起出发"的号召，广大企业积极参与，在这样大

作者系物美集团创始人、多点DMALL董事长。

的疫情面前我们没有出现食品短缺、价格暴涨一系列的问题。

第二，物美在这个过程中，按照我们的企业价值观真正做到"面对生命、唯有良心"。物美在疫情中没有一个店关门，而且商品做到不断货，不涨价。我们用数字化的手段把价格控制在合理的水平，率先在北京推动平价销售。疫情期间，北京的食品价格指数比全国低了9.9个百分点，物美作为北京流通的主要渠道之一也做出了自己应有的贡献。

蔡奇书记在2月2日亲临物美视察时说物美立大功了，因为在抗疫初期物资短缺的时候，物美保证消杀用品，保障口罩资源。之前1月21日钟山部长亲临物美视察，就指示我们要做好各种防疫物资的保障，他还特别关心了口罩的销售。后来到了1月23日我们发现这个问题很严重，就专门派了采购组大年三十到韩国，紧急抢运回来1300万个口罩，在1月底到2月底最关键的时候，物美总共销售了1867万个口罩，保证了首都在这样一个关键的时候口罩不断供。

另外，我们积极组织货源，在大年初三、初四，消费者出现恐慌抢购食品的时候，我们一天高峰的时候组织2000多吨蔬菜，400多吨肉。首都超市的货架是满的，老百姓的恐慌心理也就消除了。

第三，由于社区封闭管理，老百姓没有办法到超市买东西，我们创造性地在北京推出了社区提货站，无接触购物。老百姓在家里用多点DMALL下单，连锁超市组织货源送到小区。特别是在北京各个区委、区政府大力支持下，我们迅速地在北京成立4000个提货站，覆盖了大部分社区，真正做到了老百姓安心，政府放心，也得到市委、市政府领导的高度肯定。

这次疫情表明，数字化时代已经来临。在过去的几个月，多点DMALL流量大幅度增加，尤其是线上的生鲜食品订单大幅度提升。以

物美为例，高峰月份线上销售额已经占到20%以上，全年平均占到15%以上，这是非常大的一个变化。数字化可以说是大有可为，具有广阔的发展空间。

多点DMALL是五年前创立的，使命就是助力实体零售企业数字化。过去的五年，通过大家的努力，产生了非常好的效果。截至2020年5月，多点DMALL已与112家连锁商超达成合作，覆盖全国13000多家线下门店，多点DMALL会员总数已超8600万，月度活跃用户数1700万。2020年1月，成为全国排名第七的移动APP电商平台，具有非常大的影响力。

当然多点DMALL今后还会为更多的零售企业服务，为更多的消费者服务，特别是最近中央提出来要助力武汉恢复经济。4月29日，亚布力企业家代表团，以泰康集团陈东升董事长为首，我们一起去了湖北省，去了武汉市。湖北省委的主要领导，武汉市委的主要领导热切地期望我们去武汉投资、发展，助力武汉恢复经济，也特别提出来，要建立数字化流通产业园，以数字化来促进武汉的复工、复产、复商、复市。

数字化时代已经来临，疫情让我们更加认识到数字化对实体经济的转型，对国家注入新的发展动力，对广大消费者进一步提高满意度，实现消费升级具有重大的作用。

第四，疫情期间，物美集团继续加速发展，提高效率。比如我们克服各种困难，和麦德龙全球总部共同努力，在民生银行等金融机构的大力支持下，完成了麦德龙80%股权的交割，物美和麦德龙战略协同正式拉开大幕。今后麦德龙（中国）将在几个方面全面地发展、提升，更好地为中国的消费者服务，为中国的经济建设提供更大的推动力。

比如在武汉地区，麦德龙有4家大型商场，在这次疫情面前没有一家商场关门，特别是在最紧张的时候，就是在初一、初二货进不来，人进不来时，麦德龙的商场也出现了不少物资短缺的情况。我们组织车队，从全国各地调运物资到武汉麦德龙，支援武汉人民。当时碰到了不少困难，后来在市公安局的帮助下，把这些物资送到了武汉，这都是武汉人民所急需的。

接下来，麦德龙（中国）首先要坚持多年来已经被证明行之有效的，而且广受消费者欢迎，也得到政府大力支持的食品安全标准，这是一个很高的食品安全标准，比如麦德龙在所有的店铺实行HACCP标准，保证肉食和其他所有的重要食品全程冷链，包括在卖场销售的时候都是在冷链状态。麦德龙实行全程可追溯，很多的商品专门张贴二维码，让老百姓扫一扫就知道这个商品从哪来的，用的什么种子，用的什么化肥，真正做到老百姓吃得放心。

另外，麦德龙要全面拥抱数字化，这也是麦德龙选择物美作为战略合作伙伴的基本理由。物美和麦德龙合作其中有一条，多点DMALL成为麦德龙的数字化战略合作伙伴，而且不但在中国合作，还要走向世界。

更重要的，在数字化基础上，在坚持更高、更严的食品安全标准的基础上，麦德龙要继续发展，满足广大消费者的需要，同时提升对全国的辐射能力。麦德龙的总裁Claude先生5月5日在上海接受独家专访，他说要在数字化的支持下加速发展，明年要开10—15家规模较大的卖场。我们相信对于当地的食品安全标准，对于餐馆、酒店、学校、幼儿园、机关食堂等都会产生非常好的作用。特别是对幼儿园，北京的麦德龙食品配送业务40%以上是送到幼儿园，因为幼儿园的家长最关心孩子的安全，特别是食品安全。

同时，在疫情期间，我们也完成重庆商社的混改这个重点项目。现

在物美集团和步步高集团，已经成为重庆商社的股东，重庆商社的混改正式启航。在当前这样一个数字化的时代，中国零售业的重整，中国零售业规模的扩大正在加速。我们总的零售业规模已经和美国相仿，但是我们单一零售企业的规模相对较小，我们注意到有规模的企业更能坚持更高的食品安全标准，并具有更强的创新能力，从而真正地提高效率。

疫情给我们带来了突如其来的考验，但是我们也充分地看到以下四点。第一，食品、生鲜是我们真正的刚需，必须提高食品安全的标准，必须建立可靠的、有效的食品保证体系。第二，物美有很多重要的食品供应商，比如跟我们合作的中粮、首农、伊利等在这个过程中发挥了非常重要的作用。第三，数字化是进一步推动中国食品、生鲜行业转型提升的关键抓手。第四，物美和麦德龙、物美和重庆商社的合作，物美和众多的生产企业、流通企业的合作，将推动中国流通产业的现代化、数字化，将为中国老百姓的食品带来更安全、更可靠的未来。

疫情之危与新商业之机

高红冰

　　在疫情到来的时候，整个零售消费场景或者说电子商务正在发生翻天覆地的改变。怎么用数字化的交易系统、数字化的支付构建一套新的体系，或者怎么用直播和内容来带动货物的销售，是今天大家都在关注的问题。

　　我从三个视角来进行分析。

　　第一，宏观视角下，疫情对消费的影响。

　　第二，企业家视角下，如何应对疫情。阿里和清华经管学院联合举办了一个培训项目"新商业学堂"，学员是企业一把手。我们在疫情期间线上举办了一次关于如何利用数字化手段抗击疫情的分享，我乐于把其中最精彩的案例分享给大家。

作者系阿里巴巴集团副总裁、阿里研究院院长。

第三，阿里视角下，电商新业态如何应对。

所以，我要给大家分享一个危、一个机——疫情之危和新商业之机。

一、消费下滑催动线上转移潮

疫情发生以后，消费出现显著下滑。线下实体商业场景大量关停，比如超市、电影院、餐厅、旅游景点等服务业态。同时，疫情催生"非接触消费需求"，替代传统的实体场景。外卖、直播带货、在线教育，都是从线下向线上转移的非接触消费案例。

有个成语叫量入为出，也就是说，收入是影响消费的决定性因素。受到疫情的冲击，第一季度人均可支配收入增速多年来首次出现负增长。城镇居民人均可支配收入增速从上季度的5%下降到-3.9%，农村居民人均可支配收入增速从6.2%下降到-4.7%。城市服务业，如航空、酒店、旅游，几乎停摆，大量员工只能拿到底薪。农村居民受到的影响更大。农民工返乡过春节，由于多地采取"封城"措施而无法返城复工。全国大约有2.91亿名农民工，一年中约有10个月在城市务工。第一季度的情况，农民工约有一整个月的时间滞留在家乡。根据2019年农民工平均月收入估算，每人损失约4000元收入。疫情的影响远未结束，第二季度过半时仍有农民工无法返城，或者返城后无工可复。如果这种情况持续到第三季度，其收入下降对消费的影响将非常严重。

同时，我们也看到另外一种现象、一个新概念——报复性存钱。根据西南财经大学和蚂蚁金服第一季度的调研，计划增加储蓄、减少消费的人群占到了50.2%，不增加储蓄、也不减少消费的人群有40.4%，只有不到10%的人会减少储蓄、增加消费。这意味着，现在大家口袋捂紧了，不愿意更多支出。根据人民银行的数据，第一季度91天里，平均每天有700亿元存款涌向银行，当季新增的居民存款占2019年全年的67%。消费场景减少，加上收入增速降低、储蓄意愿增强，将叠加影响消费。

现在大家都在期待"报复性消费"。这种情况在2003年"非典"后出现过。社会消费品零售在最严重的月份比前月降低3.4%，在之后的一个月就恢复常态，是货真价实的"V型"。但是，新冠肺炎疫情影响的深度、广度、长度要远超"非典"。2020年1—2月，社会消费品零售增速跳水，较2019年12月增速下降28.5个百分点。3月部分城市解封，消费开始复苏，社会消费品零售增速仅反弹了4.7个百分点。电商表现稍好，1—2月降幅也高达19.9个百分点，3月出现3.2个百分点的反弹。我们判断，消费大概率不会出现"V型"反弹，在低位徘徊的时间会相当长，中间可能还有反复。

再来看一看不同品类消费的表现。"食"出现了"V型"反弹。一方面是因为其"刚需"属性，更重要的是外卖等数字化场景替代了实体店的购买。"穿""用"的下跌幅度较深，复苏尚待时日。疫情期间保持增长的品类很少，其中包括大家每天用到的口罩、纸巾。我们先把各品类的消费大背景进行概要介绍，后面再着重讨论直播等新商业如何发挥作用。

简言之，消费在疫情影响之下重度受挫。

二、数字商业如何扶危解困

我们今天讨论的直播电商这样的新的电商业态，它们是怎么崛起的。

不管是在线的商家，还是传统的商业，应对疫情到来，怎么快速地从一个传统的零售场景切换到一个新的零售场景，我们把这个过程叫作"新商业崛起"。

我们跟清华经管学院联合举办了新商业学堂。2019年邀约了超过52位企业家，都是在商业方面出类拔萃的企业家，一起探讨数字商业的发展趋势。参加"2020凤凰网财经云峰会"的嘉宾物美集团创始人张文中先生就是学堂的重要见证者，他旗下的物美集团首席运营官许少川先生，还有多点DMALL CEO张峰先生都是新商业学堂的学员。我分享新商业学堂几位学员的做法，看看他们如何用新商业应对疫情。

第一个案例：木屋烧烤

木屋烧烤在疫情期间外卖额增长了10倍。在疫情到来时，以线下实体门店堂食为主的木屋烧烤，业务面临着巨大挑战。疫情到来基本上摧毁了线下实体门店的所有场景，业绩呈现断崖式下滑。在1月下旬疫情严重的时候销售额从2019年同期同比增长1.5倍，迅速下滑到只剩下2019年同期的20%。这个时候高达30%的员工和房租成本让企业面临巨大的现金流压力。

如果这个状况持续下去，据估算，公司现金流最多只能支撑3个月或者4个月，那怎么办？木屋烧烤采取了一些举措。第一是坚持营业，第二是同舟共济，第三更重要的是开拓外卖市场。在疫情期间，木屋烧烤75%的员工表示，愿意降薪水，跟企业一起抗击疫情，共同迎战危机，企业宣布从3月1日到3月28日，如果业绩做到2019年同期的营业额，也就是单天交易额突破500万元，全体员工就全面恢复薪酬。他们在一个月的时间里将外卖的业务从原来5%的销售额占比提高到了50%。

企业从2月10日开始采取行动，到4月10日，他们基本上恢复到了

2019年同期水平。28天后，外卖增长了10倍；50天后，营业额恢复到正常值的87%；60天后，业绩恢复到疫情前的正常水平。

是什么因素让企业能够自救，并且突破疫情对它的打击呢？很重要的一点，就是他们真的是在发扬主人翁精神，在疫情到来的时候转危为机。他们把实体门店的烧烤跟外卖结合在一起来做。整个过程中，员工的斗志被激发了，用自己店铺去覆盖周边几公里的消费者，最终让企业得以重生。

我们今天之所以能看到这样一个成功自救的企业，得益于疫情之前企业就开始部署自己的数字化系统，包括品类管理、员工管理、库存管理、客户营销体系等。这个案例非常典型，说明一个线下的实体门店如何利用数字化的手段来抗击疫情。

第二个案例：红蜻蜓

红蜻蜓是上市公司，钱金波董事长也是大网红。在这次疫情到来之后，他通过带领员工用直播电商的方式做商业，取得了非凡的成绩。红蜻蜓在疫情发生的时候遇到了极大挑战，4000个门店全部关门，春节本来是销售的旺季，但是疫情使大量的产品变成了库存。

红蜻蜓采取的措施是用全员营销和新零售手段来开辟第二增长曲线。在疫情之前他们已经做了大量的数字化建设，如打造数据中台、业务中台。疫情发生后，他们打破原有的组织方式，用钉钉建立了智能组织。总部直接指挥门店的店长，形成一支快速响应的作战部队。也就是说，用在线组织替代了原来店长管理员工的作业方式。

再有，利用钉钉对8583名员工进行每天一小时的离店销售和直播话题培训，每天进行总结。2—3月，公司一共开展了3338场直播，仅直播销售额就达到5300万元。"情人节"这天，钱金波董事长带着全体员工

实现了100多万元的销售额。研发部门、生产部门、财务部门全体参与卖货，财务部门甚至成为卖货能力最强的部门。他们的在线销售原来占比非常低，5%都不到，但在疫情期间，整个在线销售同比增长了700%。

钱金波董事长说："如果没有疫情，如果没有建立一整套新零售闭环的系统，如果没有这次试验，我们不会意识到世界已经改变了。本来我们是用右手吃饭的，虽然现在右手伤了，但庆幸的是左手做过准备，所以左手很快就可以'吃饭'了。未来等右手恢复好了，我们就可以左右手一起吃饭了。"

第三个案例：林清轩

林清轩是做山茶润肤油的企业。林清轩在全国有337家实体门店，疫情到来时，他们关掉了140多个店，还有180多个开着。但疫情初期，这些开着的店整体业绩同比暴跌90%以上。在这种情况下，林清轩一个月的亏损就超过3000万元。如果不采取任何措施，公司测算两个月就要倒闭。于是，公司采取集体自救，全员转战线上。

1月30日，孙来春董事长给全体员工发了一封信，呼吁所有员工在至暗时刻迅速行动，成立应急团队，压缩成本，转向线上，全员做淘宝直播，用新商业的方式自救；2月1日后，各个实体门店纷纷发力线上，用新零售的手段加大在线销售；2月1日和2日，武汉的业绩连续两天排名全国第二；2月14日，孙来春董事长带着100多位林清轩的工作人员进行了人生的第一次直播，观看人数高达6万多人，卖掉了40多万元的山茶油。

在全体员工的努力下，疫情中线上门店的业绩快速增长，比2019年同期涨了两倍，2020年注定成为业绩主力。企业年度业绩目标未降反升，上调了25%。

孙来春认为，"疫情之前公司的系统已经全面上云，搭建了全链路的业务和数据中台，线上线下的会员体系打通，上线了钉钉智慧导购，开通了淘宝直播，开创了这个产品的数字化创新。疫情前修好的数字化高速公路，因为员工习惯和数字化认知不足，使用效率并不高。疫情则加速了使用，才发现效率非常高。如果没有此前跟阿里云的合作，没有搭建的新零售基础，就没有此次的逆袭。此前的新零售还是'穿新鞋，走老路'，这次为疫情所逼，'穿新鞋，走新路'，结果收获了惊喜"。

给大家分享的新商业学堂的三个案例，分别代表了"吃""穿"和"用"。大家看到，这些案例中企业都在用离店销售、直播或外卖来解决他们的问题。但在这些解决手段的后面，是新商业和数字化的能力建设，例如数字化的营销、会员管理体系、基于钉钉的组织运营、数据中台、业务中台的建设等。

所以我们讲，疫情来袭，消费受到非常大的影响和重创，但是具备数字化能力、又有企业家精神的这些人，他们在疫情期间取得了很好的成绩。这次疫情对这些企业，是危，也是更大的机会。他们改变了思维、锻炼了团队、创新了打法，在疫情结束之后，这些企业更有可能取得更大的发展，脱颖而出。

三、应对新挑战，阿里在行动

第三部分内容我讲讲当下遇到了哪些挑战，以及从阿里的视角怎么看复工复产和经济复苏，我们又该如何去行动。

第一个挑战，消费受到了重创，消费下滑。这是由于可支配收入减少，是由于传统线下的消费场景被关闭，所以怎样去刺激消费，怎样去

创造新的消费场景，怎样帮助消费者买得起、买得到、买得爽，是应对消费下滑的重要课题。

第二个挑战，出口萎缩。当前欧美疫情进入重灾区，对中国经济的影响，就是我们这个"世界工厂"在海外市场上遇到了挑战，出口出不去。现在需要用两个手段解决问题，第一个手段是要用跨境电商、数字贸易应对出口萎缩。现在各个国家都在封锁自己的口岸和国境，传统贸易方式包括整个物流都出现了问题，货物的供给和贸易受到了影响。第二个手段就是国内面向出口的制造业企业，能不能把这些生产能力转到面向国内的消费市场，也就是说，能不能对接到淘宝、天猫、聚划算这些消费平台去寻找新的需求。

第三个挑战，产业带的转型、产业链的复苏，也就是生产能力、供给能不能跟上消费的复苏。现在很多工厂还在停滞，价值链当中的很多要素、链条是不是已被打断、打散？还是只是按了暂停键，一启动就可以恢复？可能很多的零部件供应不能满足之后，整个生产线，整个产业链、价值链就会受到影响。所以，产业链的转型、产业链的恢复面临着非常大的挑战。

第四个挑战，如何帮助小微企业和农业等相对弱势的商业主体。小微企业现在非常需要帮助，特别需要精准滴灌式的金融服务，以缓解资金周转难题。农产品也需要更好的上行渠道，帮农民增加收入。

面对以上四个挑战，从阿里巴巴的视角来讲，我们该如何采取行动？

第一，4月份，阿里巴巴推出了"春雷计划2020"。我们把阿里20多年来沉淀的技术、商业、生态系统能力，转换成今天中小企业进一步抗击疫情、获得发展的动力。

第二，在消费领域，我们用支付宝支持各地消费券的发放。消费的复苏一方面需要政府投入资金，另一方面也需要平台让利、商家让利，这样才能拉动消费者共同投入消费，从而推动消费复苏。如果消费能够进一步回暖，自然可以带动上游生产制造的复苏，带动经济的复苏。

蚂蚁金服与北大光华管理学院刘俏教授的团队以杭州为样本进行了研究。3月26日起，杭州市通过支付宝平台分4期发放数字消费券。研究发现：第一期消费券发放后，人均日消费新增124.6元，拉动效应为3.5倍。第二期人均日消费新增372.6元，拉动效应为5.8倍。杭州消费券的拉动效应远超日本的0.1民—0.2倍（1999年）、我国台湾地区的0.25倍（2009年）、新加坡的0.8倍（2011年）。良好效果部分得益于移动支付等的普及。一是由于国内居民拥有的移动支付账户已超10亿个，消费补贴措施可以精确、瞬时、低成本完成。二是支付宝等数字生活平台可以提供配套的数字化风控机制。三是支付宝等数字生活平台可以支持消费券在时效和场景等方面的灵活设计。

此外，4月27日，钉钉和支付宝联合宣布推出教育版"春雷计划"，上线普惠教育行业数字化的13项具体措施。双方帮助全国5000所学校、1000家教培机构和100家教育局实现数字化建设。13项数字化普惠措施涵盖复课平台、复学防疫、家校沟通、教务管理、在线课堂、学生学情分析、教培招生、金融贷款优惠等方面的具体支持。在疫情期间，已经有1.2亿名学生登录钉钉进行网课学习。

还有，利用阿里的平台优势，发挥线上线下融合的新零售优势，去参与和助力"五五购物节"，助力上海商超释放新零售能力。盒马卖出600万只小龙虾，大润发8424西瓜销售增长50倍。这些都是阿里在帮助消费、扩大消费、促进消费回暖方面采取的一些措施和行动。

第三，在稳外贸、扩内销方面，阿里巴巴依托天猫海外等平台，实

现海外线上"云拓客";在内贸平台1688.com开设数字化"外贸专区",帮助没有线上经营经验的外贸企业直接成为天猫超市、淘宝心选供货商;对已入驻天猫的外贸制造业企业,减免店铺年费延长3个月。

第四,在产业带、产业链的复苏和升级方面,我们协力打造一批数字化"超级产地名片",三年内帮助1000个工厂线上直销产值过亿元。4月7日,浙江省人民政府与阿里巴巴签署"春雷计划"战略合作协议。双方决定,在浙江知名产业带区域建立100个产地直播基地;通过C2M超级工厂计划打造100个销售过亿的工厂;在浙江制造业发达地市定向扶持5个产业带,实现销售破1亿单。4月8日,重庆市商务委员会与阿里巴巴签署"春雷计划"战略合作协议。双方将实现三大合作目标:在重庆知名产业带区域建立20个产地直播基地;合力推进C2M超级工厂计划,联合相关部门打造20个销售过亿的工厂;共同扶持培育3个产业带。

第五,在支持小微企业和农业农村方面,3月2日,网商银行与淘宝联合发起倡议,呼吁全社会缩短中小企业账期,不截流不拖欠,保护他们的资金链。网商银行将垫资500亿—1000亿元与淘宝一起,首先践行"0账期"。后又宣布免费"0账期"服务延至6月30日。在农业农村领域,协力在全国建设1000个阿里巴巴数字农业基地,深入原产地直采,启动农产品城市合作计划。

以上是在抗击疫情过程中,我们如何利用数字化的渠道、数字化的手段(例如钉钉),用阿里的供应链管理服务,用阿里的金融,用阿里的运营体系、会员体系,用阿里的云计算大数据的产品优势等,帮助企业加快数字化的转型。

总结一下三部分内容。

一是讨论了消费的下滑。线下实体门店的零售场景被疫情打断,这些线下实体门店的商户受到了重创。他们必然要选择转向线上进行精准营销和服务，这就要求更多的零售企业、零售场景，包括制造业企业，都要把自己的零售场景从线下的渠道快速切换到线上来，而线上今天能够引起消费者快速响应的方式就是直播电商，就是新零售，就是网上外卖等。

二是分享了新商业学堂三家企业的案例，看"吃""用""穿"这三个领域怎么抗击疫情。这些成功案例的背后，说明了数字化转型的先行者更能有效地应对和渡过危机、更快地走向复苏。

三是分享了当下所面临的四大挑战，即消费下滑、出口萎缩、制造业复工复产，还有中小企业和农业农村等弱势商业主体的发展，以及阿里巴巴如何用阿里沉淀的技术、数据、商业、供应链、管理、运营等帮助企业加速数字化转型，走向复苏。

最后，关于直播电商这个新的商业机会。淘宝平台涌现了李佳琦、薇娅等一流的直播主播，现在很多年轻人非常想加入直播大军。关于年轻人加入淘宝直播新业态的建议，有三句话我想送给大家。

第一，直播电商一定是今天的风口，也是今天去实现数字化销售的非常重要的渠道，其正在成为电子商务发展的主流方向，所以这个赛道是没有问题的。

第二，这个行业今天也面临着剧烈的创新和挑战。大家不要以为这是风口，冲进来就可以快速得到回报。做内容，做直播电商，要付出大量的努力。我觉得每一个做直播的人，都应该做出自己的个性，做出自己的特色，不管是在商品的选择上，还是在直播的特色上，都要做出独一无二、有差异化的东西，不能别人做什么你也做什么，别人是什么风格你就跟什么风格。要快速地去总结、学习、提升，把自己的特色表现

出来。

第三，做直播不能只看到前端的营销环节，更重要的还有后端的供应链环节，比如商品的供给、库存、选品、质量等。如果你的商品质量不好，造成大量退货，哪怕此刻你有几万粉丝，很快也就离你而去。所以把供应链做好是极其重要的，同时也需要团队的支撑。

总之，不要只看到李佳琦和薇娅的成功，我相信在背后他们付出了常人无法想象的努力。李佳琦抹了多少口红？那是一个人可能几辈子都抹不完的。大家要看到风光的背后，其实是需要付出超常的努力的，是需要投入的。

房地产的未来及都市圈发展新趋势

倪鹏飞

前段时间，大家一直在调侃，"一线城市容不下我们的肉身，三、四线城市又满足不了我们的灵魂"。后来我想了一想，都市圈恰恰能够兼容肉身和灵魂。

经过几年的鼓与呼，都市圈发展逐渐成为社会共识，也正在成为国家推动城市化发展的重要战略之一，实际上房地产几乎和中国所有的条块式发展相联系，每一次重大国家战略的出台都会对房地产行业产生重要的影响，都市圈的楼市已经成为市场及政府关注和看好的重点。如何客观冷静地看待都市圈的楼市的潜力，如何保证楼市能够平稳健康地发展，我有几点思考和建议。

作者系中国社科院城市与竞争力研究中心主任。

一、中国的大都市圈正在蓬勃崛起

这里简单地探讨几个理论和实证发现。

第一个发现：都市圈是一个多层圈套的城市网络体系，它不仅仅是核心的大城市、中心区，都市圈的重心是包含了社区、小城镇、城市、副中心、中心的这样一个网络化的城市体系。过去大家习惯把小城镇、大城市、小城市和都市圈与大城市对立起来，实际都市圈是包含了这些要素的。都市圈的形成是腹地聚集了大量的人口，比如一个省会城市，可能是在过去和将来要聚集全省很多的人口。第二个是核心区的扩散，第三个是圈内的兼并和联合，像我们过去的撤县设区以及城市之间的同城化。

第二个发现：都市圈是城市化发展的必经阶段，我们构建了一个城市化率和城市形态发展演化的模型，发现城市化率50%以上以后，都市圈成为一个重要的主导。

第三个发现：中国进入了大都市圈主导的时代。为什么要强调这个，进入都市圈时代这个观点应该说是没有问题的，是大家都认同的，但是我要说的是，在发达的区域，已经进入城市群的时代，在起飞阶段是处在大城市时代，在落后区域可能还处在小城市的时代，我们只能说现在是由都市圈主导，中国各地的情况不一样，在制定政策和思考问题的时候，都要注意这个差别。

第四个发现：中国的都市圈正在突破层层的阻隔而蓬勃崛起。刚才我说的第一个方面是从腹地在聚集，这个数据能够非常好地反映从2003年到2018年这15年的时间里，新增人口92%都是在都市圈，在非都市圈是7.8%这样的一个水平（见表1）。但是我说的都市圈包括了发达地区的城市群在内；另外，从中心城区扩散看，都市圈的崛起。有四个层面可以反映，一个是基础设施在迅速地向外扩展，基础设施还不是一般的基础设施，快速交通的基础设施，比如地铁，尤其注意到一线城市的地铁，超出它的行政辖区范围已经覆盖得很多。公共服务、核心学校、优质学校已经开始从中心区向外转移，特别是品牌学校、优质连锁学校。产业不是一般的产业，很多高端产业向外扩散，不仅是深圳的华为向东莞扩散，也发现互联网巨头在北京六环外后厂村等迅速地聚集。当然住房也出现了这样一个情况，早已出现郊区居住中心城区工作，但郊区上班在城市居住也开始出现。

表1　中国都市圈总人口增长（2003—2018）

时间	都市圈人口	非都市圈人口	总人口
2003	68382.23	49085.7	117467.9
2004	68574.55	48745.26	117319.8
2005	70091.01	47716.01	117807
2006	71245.73	48523.64	119769.4
2007	72306.69	47847.94	120154.6
2008	73302.81	48264.38	121567.2
2009	73980.88	48627.44	122608.3
2010	75336.08	48084.98	123421.1
2011	76301.22	47958.41	124259.6
2012	76884.68	48089.14	124973.8
2013	77260.87	48330.02	125590.9
2014	77875.78	48528.04	126403.8
2015	78393.01	48540.05	126933.1
2016	78968.06	48781.71	127749.8

续表

时间	都市圈人口	非都市圈人口	总人口
2017	79934.56	49083.73	129018.3
2018	86280.59	50595.36	136876
2003—2018 人口增量	17898.36	1509.66	19408.1
占比	92.22%	7.78%	100%

二、中国楼市的未来主要在都市圈

有几个理由和预判，我先给大家展示一下从城市化的不同视角都能够发现都市圈的住房潜力在释放。

第一，人口流向城镇化演进释放都市圈住房潜力。我们先经历过了农村当地化的聚集向小城镇的聚集即小城镇发展阶段，然后是以农村向城镇聚集为主和城镇向大城市聚集为辅的大城市发展阶段，现在进入以从小城镇向大城市聚集为主和小城镇聚集为辅的都市圈城市群阶段。人口城镇化的流向决定都市圈住房潜力释放。

第二，职住的城镇化独特演进释放都市圈住房潜力。第一个阶段是职在城市，住在农村。他在城市里面打工，挣了钱，在农村里面盖房，越盖越好。第二个阶段是职在城市，住在城市，但是职和住不在一个城市。他买房的城市在他的家乡，但在其他的大城市里面就业。第三个阶段是职在城市，住在城市，但是在同一个城市。也就是说他就业在哪，住房就在哪。现在正处在从职住异城向职住同城转化，都市圈正是处在这样的一个阶段，处在一个爆发期。这是我的很重要的一个发现。

第三，中国城市化发展和竞争逻辑转换释放都市圈住房潜力。第一阶段的逻辑是：先搞产业，吸引人口，建设住房，改善环境。这一阶段主要是解决城市居民温饱推动城市化。第二阶段的逻辑是：优先建设住房，支持发展产业，吸引人口，改善环境，这一阶段是各城市发展房地产。第三阶段的逻辑是：先改善环境，建设住房，吸引人口，发展产业。这一阶段就是环境好的重点区域即都市圈住房潜力爆发的时期。因此从这个意义上说，大都市圈人口也是向这个区域流动，也是成为一个重要的潜力的爆发期。

第四，城市化功能提升释放都市圈非住房地产潜力。第一阶段工业化城市功能主导，重点是各城市的工业地产发展。第二阶段居住化城市功能主导，重点是各城市住房发展。第三阶段服务化功能主导，重点是配套服务的非住房发展。由于优质服务主要在中心城市，所以这部分地产也重点在都市圈。

第五，现实中我们发现：中国的房地产开发空间布局严重错位。从表2中可以看出：都市圈投资占比在2002年是很高的87.54，但是到了2017年反而下降到80.99%。商品房销售也是这样，2002年是都市圈80.08%，2017年变成71%（表3）。根据前面人口增量变化，应该超过增加到90%了，但是这个才71.35%。这主要是之前各地的调控以及土地等资源的配置所导致的。从它的变化来看，我们发现，凡是在房地产调控比较严格的时候，或者抑制房地产过热的时候，都是非都市圈的房地产投资和房地产销售的比例在提升。这说明矛盾变得激化，当然矛盾也是未来的潜力。

表2 都市圈房地产开发投资变化（百万元人民币）（2002—2017）

时间	都市圈房地产开发投资	非都市圈房地产开发投资	总体房地产开发投资	都市圈投资占比	非都市圈投资占比
2002	676303.8	96226.77	772530.5	87.54%	12.45%
2003	869734.1	133417.8	100315.2	86.70%	13.29%
2004	1143644	164546.5	1308190	87.42%	12.57%
2005	1359824	210062.2	1569886	86.61%	13.38%
2006	1644571	272666.8	1917238	85.77%	14.22%
2007	2116013	375693.5	2491707	84.92%	15.07%
2008	2519627	496222.1	3015850	83.54%	16.45%
2009	2944093	622188.2	3566282	82.55%	17.44%
2010	3892349	833758	4726107	82.35%	17.64%
2011	4938171	1116318	6054490	81.56%	18.43%
2012	5705265	1284130	6989394	81.62%	18.37%
2013	6783041	1583104	8366145	81.07%	18.92%
2014	7422594	1757924	9180518	80.85%	19.14%
2015	7525025	1739494	9264520	81.22%	18.77%
2016	8050094	1852706	9902800	81.29%	18.70%
2017	8585957	2053549	10639506	80.99%	19.37%
2002—2017年投资增量	7909653.2	1957322	9866975.2		
占比	80.48%	19.92%	100%		

表3 都市圈房地产销售面积变化（万平方米）（2002—2017）

时间	都市圈房地产销售面积	非都市圈房地产销售面积	总体房地产销售面积	都市圈销售面积占比	非都市圈销售面积占比
2002	21493.16	5345.956	26839.12	80.08%	19.91%
2003	27097.52	6403.372	33500.89	80.88%	19.11%
2004	30306.5	6908.524	37215.03	81.43%	18.56%

时间	都市圈房地产销售面积	非都市圈房地产销售面积	总体房地产销售面积	都市圈销售面积占比	非都市圈销售面积占比
2005	43345.18	10596.75	53941.93	80.35%	19.64%
2006	47192.83	12739.33	59932.16	78.74%	21.25%
2007	58379.76	16389.02	74768.78	78.08%	21.91%
2008	46986.68	15569.01	62555.69	75.11%	24.88%
2009	70671.3	21171.57	91842.87	76.94%	23.05%
2010	75420.46	25560.66	100981.1	74.68%	25.31%
2011	76847.43	28166.66	105014.1	73.17%	26.82%
2012	79350.91	27631.08	106982	74.17%	25.82%
2013	91937.74	33182.41	125120.2	73.47%	26.52%
2014	82583.37	30820.45	113403.8	72.82%	27.17%
2015	88649.21	31598.9	120248.1	73.72%	26.27%
2016	109898.2	38618.64	148516.8	73.99%	26.00%
2017	115409.9	46335.22	161745.1	71.35%	28.64%
2002—2017 年销售面积增量	93916.74	40989.26	134906		
占比	69.61%	30.38%	100%		

第六，中国住房增量未来虽放缓也将刷新人的想象。我做了一个初步的估算，从整体来看，鉴于之前的错位和空间错配的情况，中国住房的增量未来虽然会放缓，但是也将刷新人们的想象。2020年，我们城镇人均住房面积已经达到40平方米，总量344亿平方米，考虑特殊的国情，到2030年，人均超过45平方米完全有可能，也就是说总量可能会超过450亿平方米，如果不采取一定措施比如征收房地产税，甚至有可能会接近500亿平方米，人均有可能会接近50平方米。考虑到新市民在农村本来就有住房，户均两套，现在已经是1.5套了，两套的都是有可能的，

空置率尤其是都市圈外和农村可能会大大提升。

第七，初步估算未来10年都市圈住房新增需求100亿平方米左右。这里边包含不同方面的需求，有重置需求（即拆迁），有改善性需求，有刚性需求（当地就业新市民和年轻人）。有当地都市圈里面市民的需求，还有很多是都市圈外边要转移到都市圈里边的，就是我刚才说的，省会城市以外的居民占了很大的比例。

三、都市圈楼市影响中国未来的发展

首先，房地产会影响都市圈的包容性增长。多个产业部门需要房地产的配套，而住房需求又带动多个部门的增长，所以以满足需求为导向，促进都市圈发展。包容性增长特别重要，这里边包容性增长农民工外来新市民的就业、收入、住房等生活条件改善，要防止经济的房地产化。

其次，房地产决定都市圈的结构及转型。因为都市圈的房价、地价是塑造都市圈重要的力量。我曾经的一个观点，市场是塑造都市圈的无形之手，房价是塑造都市圈的大拇指。同时从总体上来说，房价高和低，还可能促进或者削弱都市圈的竞争力，可能是促进，也可能会透支都市圈的红利，所以在这里特别呼吁，要把都市圈的房地产放在一个合适的地位，要采取相关的措施，要保证都市圈的房地产能够稳健的发展，使得它能够促进都市圈的增长和结构的调整，而不会透支都市圈发展的红利。

再次，都市圈楼市会影响中国楼市的稳定。都市圈的楼市会对中国楼市产生一定的影响。大家知道中国楼市正处在一个非常重要的阶段，无论是从房地产增长、房地产转型、房地产风险都存在着一些问题。如果都市圈楼市的增长、转型和化解风险比较好，它在很大程度上能够支持全国房地产增长转型和风险消化。

最后，都市圈楼市影响中国经济发展。这实际上是间接的，都市圈楼市通过都市圈影响重视经济的增长和转型，我们现在为什么要发展都市圈，就是因为都市圈是当前节点中国经济增长和转型的重要引擎，会决定都市圈对总体经济增长效应。总之，都市圈的楼市稳健发展，都市圈能够很好地发展；中国楼市能够稳健发展，中国经济的转型和增长也就有重要的基本盘和压舱石了，中国经济整个楼市就稳定了。

研究表明，都市圈的房价与竞争力的关系，存在着一个倒U的关系，如果房价太高，会缩小城市的竞争力。都市圈房价的差异，也和城市的竞争力有很大的关系。一个都市圈中心城市和周边城市的差距如果过大，会削弱城市的竞争力。另外，这个图显示出如果房价收入比过高，住房的投资或消费过高，也会对都市圈的投资和消费产生挤出效应，同时不利经济发展。

四、都市圈楼市同时面临机遇和挑战

首先，发展都市圈提供了解决存量问题的机遇。目前中国的房地产市场或者楼市存在一些问题，这些问题在都市圈里都存在，但是这一次如果我们在都市圈里开展房地产开发或者进行一些改革的话，有利于解决这些问题。这些问题包括：一是中心城市的土地和住房供应有限，房价过高。这是一个很大的问题，通过发展都市圈有可能解决这样的问题，尤其房价过高的问题。二是各个区域里的各类房地产市场是分隔的，导致短缺和闲置并存，通过都市圈的一体化也可能解决。三是特别重要的

是新市民，特别是中心城市的新市民，他们长期的住房没有得到解决，而中心城市的中产阶级要改善住房也受到一定的限制，我们如果发展都市圈是有机会解决这个问题的。四是土地、资金、住房在都市圈和非都市圈之间的错配。发展都市圈就要增加地区的土地指标和资金，同时限制非都市圈的土地的供应，这也有可能解决错配的问题，这些问题都可能因为都市圈的发展而带来了解决的机遇。

其次，发展都市圈也存在带来一些风险的挑战。主要是：如果还像过去那种开发模式，很有可能带来风险。第一个是地价房价过度上涨可能会继续，第二个是过度的房地产开发导致过剩，第三个是提前透支都市圈的发展。过去往往出现的是某一个地方一提出要开发，一哄而上都说有红利，迅速把房价抬高了，房地产开发也出现大量的过剩，所以不仅经济没有发展上来，房地产成了一个很大的问题。第四个是房地产过度市场化，如果采取过度市场化的办法，会对弱势群体的利益产生损害，包括周边的农民和新市民住房的解决。总体上来说，如果我们不改变原来的模式，这些问题都有可能产生，风险也会产生，因此这是我们要借助都市圈建设彻底改变的地方，也是我们下面要提出的建议。

五、如何塑造中国房地产的都市圈体系

既然都市圈是我们这个时代的主导，是一个重大的空间单元，房地产是一个当地化的市场，因此我们应该考虑这样一个问题。

第一，大都市圈是地方化住房市场的基本单元。同一个市场应该是有一个边界的，这个边界正好是大都市圈的边界，既是一小时通勤圈，又是劳动力市场圈，因此正好也是生活圈，当然这个体系包括中心城市、

周边城镇还有农村住房，包括新房、二手房、租赁房，还包括保障房，在这样一个都市圈里，这样的体系可以构成一体化互相联动的一个体系。

第二，构建都市圈的全国房地产空间体系。我们过去在做发展规划和未来发展目标时，只是从总体上，或者产业形态上来考虑，没有从空间上来考虑，我们现在要从空间上考虑。首先，要建立以都市圈为单元的全国住房规划和战略。现在我们都是在做国土空间规划，还做"十三五"规划，我们应该根据都市圈人口的分布和流动，来确定住房的空间情况。要把住房的空间规划、都市圈规划纳入国土空间规划和"十四五"规划。根据人口分布和变化，建立以都市圈为单元的住房体系。根据未来的目标，以及当前的存量来决定我们未来10年，甚至每年的增量速度。其次，以都市圈为单元的全国住房及相关制度与机制。这里的核心过去都强调过，重点是在放开户籍制度的基础上，以都市圈为单元统筹建立，一个是人地挂钩制度，一个是人口流动与包括住房保障在内的公共服务挂钩制度，提升公共服务的统筹层次。过去我们是以省或者以某一个城市为单元，现在根据新的发展规律和态势，我们是以都市圈为单元来考虑这些问题的。最后，以都市圈为单元的全国住房监管与调控体系。现在我们在做长效机制和房地产调控，中央调控重点城市，城市政府调控辖区的全部城市，实际上重点城市基本上就是大城市，就是都市圈的中心区，我们现在建议中央在监测和监控重点城市的同时，把范围放大，放大到以它为中心的都市圈单元都纳入这个体系里。省市在监测辖区的城市要建立双重的监测、监管标准。建立都市圈一体化的存销比与土地和资金供给的联动机制。

第三，构建都市圈一体化的房地产体系。首先，统筹制定都市圈一体化的住房规划和战略。刚才我们说过去出台的一些区域规划的文件，

没有考虑住房这个重要问题，未来区域的规划必须把这个住房放在都市圈里。同时根据都市圈的人口、产业、土地资源以及现在的存量在空间的分布，确定都市圈住房的增量以及各个体系的空间分布。实际上很简单，只要纳入这个体系，只要在规划的时候做这个事情，就能够按照这个体系很好地去做一些布局。其次，率先建立都市圈一体化的住房制度与机制。这需要靠住房制度的改革来推进，住房制度改革是全国的事情，也是各城市的事情。建议率先推动都市圈一体化、市场化，确保无论是在城市还是在全国都能实现新旧、租售商品房和保障房的一体化，都由市场来调节，当然住房保障方面还要由政府来调控。这里特别重要的一个制度改革就是要建设农民工或者新市民的保障工程，即安居工程；率先在都市圈探索住房、土地基础制度和长效机制。这里有两方面特别重要，一方面是农村建设用地和农村宅基地的改革是不是可以有一个重大的推进。另一方面是农民建设用地用来做保障房即安居工程，宅基地能不能有更大范围的流转，使得城市里想改善住房的人，尤其是老年人可以转移到农村来，实现资源合理匹配。当然，现在由于都市圈里边涉及各个城市、各个行政单位，它们都有相对独立的财政和经济利益，因此，一体化就会涉及利益的损失和获得的问题，应尊重市场主体的最优空间配置选择，按照公平交换的市场原则，就土地资源环境供给、基础设施与公共服务供给以及税收分享，签订住房一体化相关协议。最后，实施都市圈一体化的住房监管与调控。既然都市圈是住房的基本单元，那么应该在过去每个城市自己监管自己的基础上，还要建立一个都市圈的联合监管和调控体系，同时要明确责任。一方面，把自己城市的住房监管好；另一方面，就像现在防疫一样，做到联防联控。

通过一系列措施，都市圈楼市问题可以化解，风险可以避免，可以保障都市圈的房地产市场平稳健康地发展，就可以保证都市圈有一个健康可持续发展，可以发挥都市圈的规模效应，可以很好地促进中国经济，中国楼市有一个健康的发展。

我国的粮食安全问题

柯炳生

　　粮食安全问题是一个大话题，党和国家一向高度重视，从2004年到现在，中央已经发了17个一号文件，每个一号文件里都谈到粮食安全问题。新冠肺炎疫情以来，很多人都高度重视粮食安全问题，有各种传言，有人非常地担忧，甚至有点恐慌心理，有一段时间甚至要抢购、囤积粮食等，生怕粮食不够。关心粮食安全是好事，但是过度的担忧乃至恐慌完全是不必要的。对此，我做一点具体的分析，涉及两个问题，一个是现状如何，一个是未来如何。

　　我国粮食安全的目标是：谷物基本自给，口粮绝对安全。2019年，我国稻谷的自给率是百分之百，小麦的自给率是98%，谷物的自给率也是98%，所以谷物基本自给这个目标是达成了；那么，口粮绝对安全呢？我

作者系中央农办、农业农村部乡村振兴专家咨询委员会委员，中国农业大学原校长。

们讲的口粮，主要包括稻谷和小麦，今年稻谷自给率是百分之百，小麦自给率好像没有达到百分之百。但是前几年，每年我国的进口也有2%到3%的样子。

表1　人均粮食生产

	谷　物（公斤/人）	稻　麦
2000	320	227
2001	311	213
2002	310	206
2003	290	191
2004	317	209
2005	327	213
2006	343	221
2007	348	224
2008	366	230
2009	369	234
2010	382	234
2011	401	239
2012	418	243
2013	431	243
2014	436	247
2015	450	251
2016	446	249
2017	443	250
2018	437	246
2019	438	245

来源：中国统计年鉴

还有库存。正像不久前国家粮食储备局、农业农村部的领导同志说过的那样，我国的粮食储存现在处于历史高位，单是稻谷和小麦的库存数

量，就够我们14亿人整整吃一年，所以我们的库存还是很充足的。进口大米和小麦，不是因为国内库存不足，而是出于品种调剂的原因，因为我们进口的主要是泰国香米等优质大米，小麦主要是加拿大等国的优质小麦，尤其是强筋小麦。进口，不是因为数量上不够。刚才讲到库存的数量，库存哪里来呢？库存是往年的结余，是往年没有吃完的那部分成为国家的库存。所以，库存数额巨大，意味着前些年，我们的生产是供大于求的，证明我们的生产能力已经达到了一个高度，这比库存数值的大小更有意义。也就是说，我们现在的生产能力，是足以保证我们的口粮安全的。

关于生产的情况，近二十年来，全国人均谷物生产的情况，由320公斤增加到现在的440公斤左右，增加了将近120公斤，这个增幅是很大的。

我们再看一下所谓的口粮，即水稻和小麦，这个在二十年中，增加的幅度不大，现在在250公斤左右。这个数量能否足我国口粮的需求需要看一下需求的变化情况。实际上，这二十年来，生产之所以增长得比较缓慢或者比较稳定，不是生产能力不够，而是需求没有显著的增长。

无论是粮食还是谷物，我国人均粮食消费数量在近五年中，都减少了二十二、三公斤。这符合世界的一般规律，即随着人均收入水平的增加，人均直接口粮消费是减少的。这个趋势还会继续进行下去。

我国人均谷物的消费数量现在只有116公斤，不到人均稻麦生产的一半。所以，我国口粮的生产是足以满足我们的需要的。

下面介绍畜产品和饲料粮的情况。四种肉类，包括猪肉、禽肉、牛肉、羊肉等，进口都有比较明显的增加，主要原因是2019年猪肉大幅度减产，减少了1100多万吨。这四种肉类的自给率分别为牛肉最低79%，然后是羊肉93%，猪肉94%，禽肉自给率最高，为99%，肉类合计的自给率约94%。我们可以说，肉类基本自给这个目标也达到了。

在饲料粮中，玉米基本自给了，缺口最大的是大豆。现在大豆每年的进口数量相当于国内生产的5倍左右，近三年我们大豆的进口数量都在9000万吨上下。这是一个很大的数量，如何来看这个数量？如果我们不进口，用国内的土地来生产的话，要生产这么多的大豆，需要把整个东北和整个华北的土地都加起来种大豆。所以进口大豆是必然的，大豆属于土地密集型产品，它的单产水平很低，只有120公斤到130公斤。我们进口大豆就是进口土地资源和水资源。我国的人均耕地面积要远远低于世界平均水平，所以进口一些大豆，以满足畜牧业饲料的需要，将来这个趋势也还会继续下去，甚至会有进一步增加的趋势。我们进口这么多大豆是不是有风险因素？通过下面几张图来分析一下，想说明一个什么观点呢，其实我们进口大豆是没有太大风险的。不能说绝对没有，总体来说没有太大的风险。

表2　中国大豆生产与进口

	进口（万吨）	生产（万吨）
2000	1042	1541
2001	1394	1541
2002	1132	1651
2003	2074	1539
2004	2018	1740
2005	2659	1635
2006	2828	1508
2007	3082	1279
2008	3743	1571
2009	4255	1522
2010	5480	1541

续表

	进口（万吨）	生产（万吨）
2011	5264	1488
2012	5838	1344
2013	6338	1241
2014	7140	1269
2015	8169	1237
2016	8391	1360
2017	9553	1528
2018	8803	1597
2019	8851	1810

来源：中国统计年鉴，海关统计

这张图显示出我国大豆生产和进口的情况，在过去将近二十年时间，我国大豆的进口从1000万吨增加到现在的9000万吨上下，而我们的产量从来没有超过2000万吨，2019年达到历史最高水平，1810万吨。

表3　世界大豆进口

	世界进口（万吨）	中国进口（万吨）	其他国家进口（万吨）
2000	4848	1042	3806
2001	5737	1394	4343
2002	5681	1132	4549
2003	6580	2074	4505
2004	5841	2018	3823
2005	6687	2659	4028
2006	6636	2828	3807
2007	7446	3082	4365
2008	7910	3743	4167
2009	8081	4255	3827

	世界进口（万吨）	中国进口（万吨）	其他国家进口（万吨）
2010	9603	5480	4123
2011	9132	5264	3868
2012	9707	5838	3868
2013	10302	6338	3964
2014	11645	7140	4505
2015	13066	8169	4897
2016	13458	8391	5066
2017	14813	9553	5261

来源：联合国粮农组织 FAOSTAT

这张图显示出世界大豆的进口情况，我们看到，在过去的二十年中，中国的大豆进口增加了将近8000万吨，而其他国家大豆的进口增长得很慢，从4000万吨左右增加到5000万吨左右，所以整个大豆市场我们占了很大份额，现在已经占到了世界大豆进口市场的65%左右，我国是最大的买家。

表4 世界与各国大豆出口

	2017（出口/万吨）
世界	15178
巴西	6815
美国	5538
阿根廷	740
巴拉圭	612
加拿大	466
乌拉圭	325
乌克兰	287
荷兰	96

续表

	2017（出口/万吨）
俄罗斯	52
印度	29
罗马尼亚	27

来源：联合国粮农组织FAOSTAT

从卖方来看，世界大豆出口中，最主要的国家就是巴西和美国，这两个国家也是大豆的主产国，巴西和美国每年大豆的出口总数量占85%左右，其他还有些南美的国家和加拿大等，可以看出，大豆出口的区域高度集中。

表5 中国大豆进口来源

	合计（万吨）	巴西（万吨）	美国（万吨）	其他（万吨）
2010	5480	1858	2360	1262
2011	5264	2062	2235	967
2012	5838	2389	2597	852
2013	6338	3181	2223	934
2014	7140	3201	3002	937
2015	8169	4008	2841	1320
2016	8391	3821	3417	1153
2017	9553	5093	3286	1174
2018	8804	6608	1664	532
2019	8851	5767	1694	1390

来源：海关统计

我国的大豆进口来源主要是美国、巴西，这两个国家加在一块占到85%左右。所以，我们进口大豆到底风险如何，取决于这两个国家的生产政策和贸易政策。

表6　巴西大豆出口

	总出口（万吨）	中国（万吨）	其他（万吨）
2010	2907	1858	1049
2011	3299	2062	1237
2012	3247	2389	858
2013	4280	3181	1099
2014	4569	3201	1368
2015	5432	4008	1424
2016	5158	3821	1337
2017	6815	5093	1722

表7　美国大豆出口

	总出口（万吨）	中国（万吨）	其他（万吨）
2010	4235	2360	1875
2011	3431	2235	1196
2012	4386	2597	1789
2013	3918	2223	1695
2014	4961	3002	1959
2015	4822	2841	1981
2016	5777	3417	2360
2017	5538	3286	2252

对巴西来说，每年出口的大豆85%左右全是卖给中国，而美国的这个比例在60%左右。

就大豆生产来说，你想它们种植了大豆之后，要是不卖、不出口的话，那怎么办？没办法，它一定要出口，而出口只能卖给中国，因为其他国家的需求是很少的。所以对它们来说，它们的大豆出口是刚性的。而对我国来说，其实还是有一定的弹性的，因为我国进口大豆除了榨油

之外，主要是豆粕用于饲料业的发展，而不是人直接消费。这两年之所以大豆进口少一点，是因为猪肉的生产由于非洲猪瘟等原因减少了，减少了对大豆的需求。总体来说，相对于人的直接消费需求，饲料的需求还是有一定的弹性的。

综上所述，我对现状的判断是，我们完全实现了口粮绝对安全，谷物基本自给，这个目标得到了确保。其实不单是2019年、2020年，改革开放以来，大家想一想，我们什么时候缺过粮，我们什么时候买不到大米，买不到面粉？在这些方面，从来没有发生过难买问题，并且价格也相当稳定，所以是得到了很好的保障和实现的。大豆缺口比较大，但是风险并不大。

这是现状，那么，我们展望一下未来。未来有两件事是很清楚的，一方面，随着人口的增加、人均收入的增加，城市化、工业化的发展，对粮食的需求是日增的，要越来越多、越来越好、越来越安全。而另一方面，从资源投入方面，我们的耕地越来越少，城市化的发展，不断占用一些耕地，农业水资源越来越短缺，另外农业劳动力越来越少，并且越来越贵，这构成了一个挑战。就是展望未来，我们如何用越来越少的耕地、越来越少的水资源、越来越少并且越来越贵的劳动力，来生产出更多、更好、更安全的农产品。这确实是一个很大的挑战，我们要应对好。

我对于未来的粮食安全是有信心的。温故知新，我们看一看这四十年来的发展情况。这四十年来，我们的农产品的生产全面增长，粮食增加了一倍多，肉类增加了7倍多，水产增加了13倍，水果增加了19倍，这是个很大的幅度增加。当然，未来要保持这个增长速度，难度会越来越大，但趋势是不会变化的。

另外，我们再看一下国际的比较。1978年的时候，我国的人口占世界人口的比重是22%，但是我国的谷物生产、肉类生产和水果生产远远低于这个数，这说明，1978年时，我们人均农产品的消费水平显著地低于国际水平，以往我们说有多少土地，养活了多少世界人口，那个时候是低水平的养活。可是，今天我们再来看一看，根据2018年的数据，我国的人口占世界人口的18%，但是我国的谷物生产占21%，肉类生产占25%，水果生产占30%。也就是说，现在，我国人均的农产品生产水平，已经显著地超过了世界的平均水平，未来还会继续不断增加。

未来要进一步增长的话，我们的资源是有限的。其中，最主要的资源、最有限的资源，就是耕地资源。我国的人口占全球的18%，但是我国的耕地面积只占全球的10%，所以，我们需要用10%的耕地面积，高水平地、高质量地来养活世界18%的人口，这是一个真正的挑战。

我们必须实现农业的转型，这就是加快农业的现代化发展，建设现代农业。在过去的40年中，我国取得举世瞩目的成就，原因不在于别的，就在于改革和创新，同时改革也是创新，是体制和机制的创新。所以，展望未来，要实行农业转型，确保未来的粮食安全，我们仍然要实行改革和创新。这主要包括四种创新，即政策创新、组织创新、技术创新和业态创新。在某种意义上说，政策创新、组织创新和技术创新也是一种保障条件，保障我们的业态的创新。业态的创新其实是农业的转型，就是实现我国农业的现代化。根据各地自然条件和经济条件的不同，有各种不同的主要业态，可以分为五种业态类型。

通过政策的创新、组织的创新和技术的创新，不断地推进业态的创新，不断地提高我们中国农业的现代化的水平，能够最大限度地利用好我们有限的土地资源和水资源等自然资源，来最大地满足我国人民日益

增长的对美好食物的需要。只要我们继续高度重视三农问题，全面推进乡村振兴战略，进一步加强支农强农惠农政策，我相信，未来我国的食品安全或者粮食安全目标，就能够得到很好的实现和保障。

推动四个创新来促进农业的转型，来推进农业的现代化，最主要的路径就是党的十九大报告中所说的，要发挥好两个作用。一个作用就是使市场在资源配置中起决定性作用，这也是改革开放的经验。市场的本质其实就是消费者的需要。市场作用的本质就是最大限度地调动每一个市场参与者的积极性，让生产者围绕着消费者的需求来进行生产，从而得到回报。只有调动每一个市场参与者的积极性，才能最大限度地配置好我们有限的资源，这是非常重要的。如果不让市场机制发挥作用的话，资源配置就会出问题，因为，只有通过市场才能较好地反映出人民的消费需要。

不过，仅仅有市场作用，是不够的。还有一些问题，仅仅靠市场机制是解决不了的。这就需要发挥另一个作用，即更好地发挥政府的作用。促进农业的转型，要进一步地确保未来国家的粮食安全，一定要在充分发挥市场作用的同时，把政府的作用发挥好。

关于如何发挥好政府的作用，在以往的17个中央一号文件中，都有非常明确具体的安排部署。

粗略地说，市场和政府的作用的侧重点是什么呢？短期内可能主要靠市场发挥作用，但是对一些长期的事情，政府要更好地发挥作用。长期的事情包括什么呢？主要就是一号文件中一再强调的，就是藏粮于地、藏粮于技。藏粮于地就是保护我们现有的耕地面积，然后不断地改善土地的质量，建设高标准的农田、改造土地等，这个靠市场机制难以做到，靠农民自己也做不到。另外就是藏粮于技，技就是技术，就是科学研究和技术的推广，这个靠单一的农民做不到，靠企业也很有限，它的公益性很强。所以技术和土地这两点是非常重要的，政府要在这两个方面加大力度，进一步地强化政府发挥作用的力度。这样通过进一步地发挥好两个方面的作用，才能够更好地对我们未来的粮食安全提供保障。

第五编　金融新格局

不断深化资本市场改革　更好服务实体经济

尚福林

在新冠肺炎疫情给全球金融市场带来巨大风险挑战的背景下，中国资本市场也进入了改革的"深水区"。如何认识中国的资本市场？如何更好地发挥资本市场的作用？本文试从以下方面进行探讨。

一、30年来我国资本市场改革发展成就巨大

以1990年12月上交所成立为标志，我国资本市场在与实体经济共同成长的过程中，走过了不断改革、不断完善的30年，经历了从无到有、从小到大、从初创到逐步成熟的发展历程。

作者系十三届全国政协经济委员会主任，中国证监会原主席，中国银监会原主席，中国国际跨国公司促进会特邀副会长。

资本市场基本制度不断完善。经过30年探索实践，已基本建立了以《公司法》《证券法》《基金法》《期货交易管理条例》等法律法规为核心，各类部门规章和规范性文件为主体的法治体系。市场运行和监管理念在与市场磨合中不断完善。2020年4月27日，创业板改革启动并试点注册制，让健全完善资本市场准入机制的步伐明显加快。从15年前启动股权分置改革，破解国有股、法人股、流通股的股权分置、利益分置、价格分置造成的制度性障碍，到2019年设立科创板，促进科技与资本深度融合，关键环节的体制性、制度性障碍逐步被打破。我国资本市场正沿着市场化、法治化改革方向不断前进。

多层次市场体系初步形成。从市场层次看，已经建立了包括主板、中小板、创业板、科创板、新三板，以及区域性市场、债券期货衍生品市场在内的多层次市场体系。从产品结构看，从基础的股票、债券到增加期货、期权产品；从单向交易到开展融资融券、股指期货的双向交易；从只允许境内投资者参与的国内市场到引入合格境外机构投资者（QFII），推出沪港通、深港通，使各类资本有了更多元的投资渠道和产品选择。5月7日，人民银行、外管局发布了《境外机构投资者境内证券期货投资资金管理规定》，在取消投资额度的基础上，进一步简化了QFII、RQFII资金管理要求。从市场功能看，既有扩大投资增量、盘活投资存量的直接融资工具，也有套期保值和增强大宗商品定价话语权的风险管理工具，活跃市场交易的制度机制不断健全。

服务实体经济能力不断提升。经过30年改革发展，我国股票、债券市场规模已居世界第二位，期货市场已基本覆盖主要大宗商品品种。资本形成、资源配置、财富管理等重要功能发挥越来越充分。一方面，畅通国民经济循环流转的牵引作用不断显现。社会融资结构中，直接融资地位越来越重要。30年间，股票筹资额累计超过14万亿元，已经覆盖国民经济各个领域，从支持国企、民企改制上市到支持科技创新企业发展，资本市场的作用不断拓展完善。私募投资基金数量8.5万只、规模14.2万亿元，很大部分用于投资未上市未挂牌企业股权、新三板股权和再融资项目，为实施创新驱动发展战略发挥了基础性作用。债券市场规模不断扩大，进一步畅通了金融和实体经济间的循环流转机制。**另一方面，财富管理效能持续彰显**。资本市场在居民财富积累和再分配中角色越来越重。股票、债券、基金逐渐成为人们生活中的重要投资品种，让广大投资者有更多机会共享经济转型升级、企业成长发展中释放的红利。2019年，A股市场75%的上市公司进行了现金分红，总额超过1万亿元。公募基金管理规模16.6万亿元，2019年分红1391.8亿元，创历史新高。

二、我国资本市场是发展中的市场，改革发展的任务依然艰巨，挑战仍然严峻

我国资本市场30年来的改革发展成就巨大。同时，也要清醒认识到，随着金融供给侧结构性改革不断深化，更加需要运用改革创新的思维和举措，破解资本市场中的深层次体制机制问题。

（一）从现存短板看，主要是商业信用不足。信用是现代经济发展的重要根基，商业信用是资本归集、配置的关键基础。上市公司的信用是获得社会公众信任和认同，以及市场有效定价、实现价值投资的前提保障。马克思说过，商业信用的发展，催生了股票、债券等虚拟资本的发展。从全球资本市场发展的历程看，商业信用又与股份制密切相关。发达国家的股权文化已有四五百年的历史，明显早于股票交易市场的出现。

正是由于公司发展中持续积累的信誉和失信公司不断受到惩罚，公司才逐渐获得了人们的信任，得以通过发行股票的方式募集资金，并以商业信用背书，支撑股票交易。我国在改革开放前，企业长期依靠计划分配、缺少信用约束。在计划经济转轨过程中，先建立股票市场，再推动股份制发展，商业信用培育缺位。审批制、核准制等发行制度设计，以及保荐、跟投等制度安排，一定程度上是为应对企业商业信用积累不足的外部校正措施。但这些措施从长远看，难以治本。我国资本市场中反复出现的债券违约、上市公司造假等问题，就是典型表现之一。

我国社会信用体系建设相对滞后，特别是商业信用不足，对我国资本市场乃至经济社会发展造成了重要影响。**一方面**，它影响了市场公平竞争环境，动摇了市场诚信基础，损害了市场信心。失信行为的特点是，一人失信，全体受罚。个别企业违约行为可能造成全行业融资难度加大、成本上升，推高整个社会的运转成本。**另一方面**，造假扭曲了市场价格信号，让市场配置资源作用失灵，直接侵害投资者权益。在缺少惩戒或退出机制的情况下，会引发市场上劣币驱逐良币问题。这也是市场投资行为短期化的根本原因之一。

（二）**从未来挑战看，重点是提高对形势变化的前瞻适应能力**。资本市场既是融资市场，也是投资市场。当前复杂严峻的国内外经济金融形势，将对资本市场带来深远影响。

在融资端：一方面，国内经济由高速增长阶段转入高质量发展时期，经济增长模式由要素投入型转向创新驱动型，动力来源从主要依靠增加投入转向全要素生产率提高。经济发展新趋势对资本市场容量和结构提出的全新需求，与直接融资市场发展不平衡不充分之间的矛盾将更加凸显。**另一方面**，国际环境中不稳定、不确定、不安定因素增多，与资本市场风险管理意识和能力不足的矛盾将更为突出。特别是全球疫情扩散冲击，国际金融、资源能源、大宗商品市场的波动频率提高、幅度增大。随着我们与外部联系越来越紧密，内防风险扩散、外防风险传染的压力越来越大。要不断提高资本市场各参与方的风险意识和管理能力。

*在投资端：一方面，*投资需求不断扩容升级。我国人均GDP已经突破1万美元大关，随着居民收入水平提高，对财富管理和资产配置的需求日益增长。高净值客户群体绝对数量庞大，对高附加值、个性化的财富管理需求越发突出；中等收入群体迈过财富管理门槛值的人数越来越多，对标准化、规范化、方便快捷的财富管理产品需求快速上升；低收入群体追求存款之外财富收益的能力也在增强。对不同需求的投资者群体，提供适当的投资产品，有利于适应金融市场变化，增加有效社会投资。*另一方面，*优化投资者结构任务艰巨。与成熟市场不同，我国资本市场中的中小投资者数量众多。随着资本市场更加成熟，专业投资、价值投资理念普及，对企业财务经营、成长性研究分析和专业价值判断的要求会越来越高，需要更多能提供长期稳定资金的合格机构投资者。这不仅涉及投资理念的优化，同时涉及市场结构的创新，以及税收、养老等多方面政策调整，需要多方面改革同步推进。

三、关于更好发挥资本市场作用的几点建议

党的十八大以来，习近平总书记对资本市场作出了一系列重要指示。为打造规范、透明、开放、有活力、有韧性的资本市场，要统筹兼顾我国资本市场阶段特征与借鉴国际成熟市场发展经验，坚定不移地全面深化资本市场改革。坚持扩大直接融资总量与优化市场结构并重，坚持把

好市场入口与畅通市场出口并举，坚持支持企业融资与保护投资者合法权益并进，抓紧完善基础性制度安排。我讲几点看法。

（一）在目标定位上，始终坚持服务实体经济发展的主攻方向。服务实体经济是金融的天职和宗旨。大力发展直接融资特别是股权融资，必须以提升资本市场服务实体经济的质量和效率为核心，不断增强金融体系的弹性、韧性和适应性。一是鼓励和吸引中长线资金支持新型基础设施建设，促进传统产业改造升级，扩大战略性新兴产业投资。充分发挥资本市场在提高优化资源配置能力和形成创新资本效率中的枢纽作用。进一步丰富多层次资本市场，推动形成各板块错位发展、各有侧重、相互补充的适度竞争格局。特别要打通金融资源与科技成果转化的渠道，鼓励发展创业投资、并购投资基金等私募股权投资，壮大创新资本总量，激发风险资本活性，更好地发挥资本市场在长期投资和高新技术、关键领域创新活动中的优势。二是丰富投资渠道和品类，更好地满足人民追求合理财产性收入的需求。践行普惠金融理念，完善分红激励制度，稳定资本市场财产性收入预期。顺应居民投资需求变化趋势，提供风险匹配的适当金融产品，共享经济社会改革发展的制度红利，与实体经济形成正反馈。

（二）在基础设施建设上，把信用建设摆在更加突出的位置加快推进。市场经济是法治经济，也是信用经济。信用体系是现代化金融体系建设的关键性基础设施。资本市场正在推进的很多基础性制度都离不开信用体系的支持，比如发行、上市、信息披露、交易、退市等基础制度改革，都应当基于企业信用信息或纳入诚信管理体系。当前，我国社会信用体系建设步伐明显加快，要按照更高要求、更严标准，推进资本市场信用体系建设进一步提速。比如，要进一步凸显公开原则在"三公原则"中的首要地位。公开透明是市场发展的生命力所在。上市公司和大股东首先要讲诚信，这是获得投资者信任的基础。真实、准确、完整、及时的信息披露，有利于事先揭示风险，有利于市场对金融资产进行合理定价，有利于价值投资与风险市场划分。要将加强信息披露、提高上市公司透明度，作为资本市场信用建设的前提基础，不断完善基础性制度，夯实信用基础。*再比如*，要强化失信惩戒，维护市场交易公平环境。商业信用需要不断培育，同时也要看到，商业信用不会自然形成，需要靠市场和行政约束不断提升。要不断完善全方位信用监测评估体系，真正建立基于信用的市场化优胜劣汰机制。对资本市场造假行为"零容忍"，对交易环节中的内幕交易、操纵市场等违法违规行为坚决予以打击。

（三）*在机制构建上，突出发挥市场在资源配置中的决定性作用*。提高市场资源配置效率是资本市场改革的方向。*一方面*，以推进注册制改革为抓手，在发行审核、承销定价、并购重组等方面，放松和取消不适应发展需要的管制，提升市场活跃度，充分发挥市场调节和市场价值发现功能，让投资与融资有效对接，强化市场约束（比如注册制安排，就是让券商回归到"看门人"的位置上。把核准制下的监管部门把关作用内化为券商内控行为）。*另一方面*，要强化底线思维，遵循金融本质规律，把主动防范化解系统性金融风险放在首要位置。前瞻性地分析研判形势，积极应对国内外形势变化，完善早识别、早预警、早发现、早处置的风险防控机制，充分假设各种极端情况，做好压力测试和应急预案，防范境外风险向境内传递，防止其他风险向金融外溢，维护资本市场平稳运行。

（四）*在着力重点上，更加注重保护投资者合法权益*。我国证券市场

投资者数量高达1.6亿，其中95%以上为中小投资者。投资者散户化为我国资本市场培育与投资者保护工作提出了更高要求。这次修订证券法，以及创业板改革都将完善投资者保护制度摆在了突出位置。刚刚召开的金融委第28次会议，专题研究了加强资本市场投资者保护问题。保护投资者合法权益，需要从几个方面协同发力。一是通过市场和行政力量不断提高上市公司质量。市场上的增量财富来自上市公司。上市公司的总体质量是市场健康发展的基础。要通过不断完善基础性制度，完善市场约束机制，进一步提高上市公司质量。二是压实中介机构责任。中介机构是连接上市企业与投资者的纽带。在以散户为主的市场中，中介机构要在尽调等环节勤勉尽责，切实缓解信息不对称问题。同时，要严格落实"卖者有责"要求，根据风险收益匹配原则，向投资者销售适当产品。三是培育合格投资者。强化价值投资、长期投资、理性投资理念。也要考虑个人投资者本身处于信息不对称的地位，可以参考国外经验，大力支持保险、养老金等中长期资金入市，积极发展合格的专业机构投资者。四是加强监管部门投资者保护。重点加强投资者教育与服务，依法打击各类违法违规行为。同时，推动构建投资者与企业收益共享、风险共担、产融周期匹配的利益共同体。

全面估量新冠冲击的金融影响

李　扬

百年未遇的疫情对金融的影响全面而深刻，需要认真分析、对待。

一、资产负债表衰退正在冲击世界经济

疫情迫使经济按下了"暂停键"，这种情况下，企业过去的借债很有可能变成不良债务，对应到债权人，则是不良资产，这样，典型的金融风险就会产生。

疫情发生以来，世界各国货币当局、财政当局都采取了很多救助措施，这些措施无非施用于三个方向。一是解决企业、解决单位、解决金融机构面临的问题；二是全面提振社会的信心；三是针对个人，补助那

作者系国家金融与发展实验室理事长，中国社科院学部委员。

些生活无着落的贫困人口。第三个方面很重要，因为它直接关乎社会安定。所以，很多国家政府直接给百姓发钱或消费券。在中国，全国性的安排还没有，但是，各个省、市大都有自己的类似举措。

金融运行的基本法则是有借有还。所谓金融，就是货币资金的有偿转让。有偿，是金融活动的要点。那么，有偿如何才能实现？基本程序是，资金到手后需要在企业形成产品，能够卖掉形成利润。但是，疫情使得这些链条中断了，于是，可能有相当份额的现有资产会变为不良资产。如果资产成为不良资产，经由资产负债表效应，整个经济便会面临巨大的负面冲击。对于企业来说，借的每一分钱都不能赖掉，但是与这些负债相对应的资产却会因疫情的发生而贬值，所以企业需要调整资产负债表，大家都这么做，整个经济便会下行。宏观经济学最近几十年来有很多进展，其中之一，就是确认了"资产负债表冲击"在整个经济周期运行中的关键作用。现在，这样一个冲击正在全世界上演。

二、大量发放的钱很多并未流入实体经济，反而加大了贫富差距

现在，为了救助危机，各国政府发了大量的钱，其中相当部分用于补助。在货币"放水"的情况下，会不会产生通货膨胀？很多人把这次疫情遇到的问题和上次SARS对比起来看。大家认识到，SARS和新冠之间的一个重大区别就是，SARS的时候生产没有受到影响，需求受影响相对较大。所以SARS后，全世界依然是通货紧缩。新冠不同，疫情发生后，大部分地区群众被禁足，甚至"封城""封国"，所有生产要素都不能流动，大部分生产不能正常进行，导致供应大规模萎缩。

所谓通货膨胀，简单说，就是过多的钱追逐过少的产品。现在，产品供应少了，但是过多的钱还在被释放出来，于是形成"过多的钱追逐定量的甚至是更少的产品"，通货膨胀就会发生。最近几十年来，全球宏观经济运行的主要倾向是通货紧缩，因为供应太多而需求不足。而现在，需求固然受到影响，供应受到的影响可能更大。在这种情况下，必须对通胀保持足够的警惕。中国第一季度的数字已经出来，可以看到CPI和PPI都上涨较快。CPI所对应的产品恰恰主要是人们日常所需，特别是低收入家庭的日常所需。所以，这些必需品价格上涨所带来的社会影响非常大。我们必须对此保持充分的警惕。

三、警惕贫富不均加剧

疫情期间放出的大量资金去哪了？最希望出现的结果是进入实体经济，使得人们愿意生产、愿意投资、愿意增加雇员，产品生产出来卖得掉、工资能照发、利润能增加。但是，疫情期间，从金融渠道和财政渠道释放出的资金，基本不走这条正常渠道。因为现在很多地方禁省，甚至禁国，企业不能够生产，所以，企业即使拿到钱，也不会从事生产和投资。于是，大量的资金便会跑到别的地方去，主要是股市、债市、房地产市场等虚拟经济领域。这样一种资金流动格局会加剧原已存在的贫富不均。

危机过程中很多调查显示，很多人如果一个月不开工就没饭吃了，有的是两个月、三个月，多数人都撑不了几个月。企业也是这样，企业规模越小，这种情况越严重。除非我们采取"直升机撒钱"这种理想化的理论模式去"量化宽松"，否则大部分资金都到不了一般群众和中小企

业手里，而集中到资本所有者手里。国内外都有大量针对此类问题的研究。研究显示，经由金融过程所提供的救助措施，在对经济恢复产生积极影响的同时，可能会加剧贫富不均，加剧社会矛盾。

这是因为，持有股票、债券、房产等"资产"的人大都是高收入者，资金流动的格局，会进一步增加资产所有者的收入，进而加大贫富差距。在市场经济中，资本和劳动相比，资本总是占优。最近几十年来，这个问题比较突出。2014年法国一位经济学家写过一本《21世纪资本论》，说的就是资本和劳动间的矛盾依然存在，而且在整个社会分配中，资本占优势，劳动相对处于劣势。这一次疫情，无疑会加剧这种情况。

四、实体经济萎靡，金融化趋势进一步凸显

经济可能会陷入长期停滞，主要的因素是实体方面。因为疫情，大家都按了"暂停键"，现在看起来，"暂停键"可能按得很长，疫情要真正过去，还需要有效的疫苗研发出来，这恐怕得到2021年甚至2022年之后了。这意味着，疫情导致的经济停滞是长期的。实体经济萎靡不振，大量资金涌入虚拟经济，而目前经济生活中本就存在一个非常突出的现象，即经济的金融化。这种现象，随着资金大量涌入虚拟经济而进一步地加深，乃至影响到经济的各个方面。

这就形成了著名的"金融周期"。原本的周期是经济周期，其基本动因是产品的生产过剩，经由物价涨跌、企业兴衰，周而复始。如今，由于资金大部分不进入实体经济，经济周期主要表现为股票、债券、房地产等金融变量的变化。在这种情况下，我们的调控政策施行之后，首先看到的是各类资产类指标的涨跌，如股市涨了、股市跌了，债市涨了、

债市跌了，房价涨了、房价跌了，等等。这种"金融化"现象是非常不利的，它使现有成熟的宏观调控工具、宏观调控政策、宏观调控理论都趋于失效。问题在于，由于事出紧急，即便我们知道传统工具失灵，我们还须沿用这些工具去应对危机，以解燃眉之急，无暇顾及实施这些措施之后的不良后果。

五、"美元荒"强化了美元的国际地位，须警惕世界金融"去中国化"

疫情可能加剧"去全球化"的倾向，其中特别值得警惕的是"去中国化"的倾向。迄今为止，已经有很多专家讨论了去全球化问题，关于产业链、价值链的断裂等，这些都是毫无疑问的事实，因为大家"封国"、禁足，无法正常开展贸易活动，资本流动也基本上停止。在此状况下，这个世界有意无意地会出现"去全球化"现象。我作为中国的学者，特别关心的问题是，这个过程中，"去中国化"现象实实在在地发生了。

这次危机刚开始时，全世界突然出现"美元荒"。历史上，美元荒出现过几次，最近的一次就是十年前的金融危机。每一次美元荒之后都产生了一个确定的结果，在专业人士眼中，美元荒通常都意味着某种国际金融格局的改变，改变的方向则是美元作为国际储备货币垄断地位的进一步强固，美国当然因此获益。

如何应对美元荒？现有条件下，只能是通过以美国为核心的全球央行实施货币互换来应对。所以，此次美元荒不久，就有九国央行签署货币互换协议。这里有两个事情值得关注，第一个是，签约的央行中没有

中国的央行；第二个是，互换网络中的货币没有人民币。这是非常值得关注的现象——在疫情中，虽说各国因"封国"而在实体经济领域被隔开了，以至于出现"去全球化"现象。但是，同样是危机，使得大家对美元需求更强了，正是这种"共同需求"将各国在金融上进一步联系在一起，而这样一个日益加强的货币金融网络中独独没有中国，没有人民币。这可称为国际金融"去中国化"，是一个非常危险的倾向。

这次疫情以来，各国央行之间的货币互换已经安排了三次。如果再回顾历史，上一轮次贷危机时也有一波美元荒。危机虽然发生在美国，对美元产生冲击，但是危机发生后不久却出现了美元荒，这实在是无可奈何但又必须接受的事实。当时，即2008年，也有一个货币互换的协议，我们当时对此就做过研究。研究发现，这个货币互换协议来者不善。如果联系到当时美国高调推出的"环太平洋贸易协定"，即TTP，情况就更为明显。在这个协议中，多数环太平洋国家都参与了，包括越南、文莱等，但是，独独也没有中国。我们当时就指出：贸易协定中排除中国，货币金融协定中没有中国，中国明显被孤立了。这意味着，"去中国化"的倾向已经发展了一段时间，此次疫情进一步发展了，这非常值得关注。

还有一个佐证。大家知道，数字货币Libra的2.0版出来了，值得注意的是，这个数字货币是以五六种货币来定值的，而这个定值的"货币篮子"里也没有人民币。我们有充分的理由说，国际上特别是国际金融领域，一个排斥人民币、排斥中国的同盟正在形成。面对这种状况，我们没有别的办法，只能让人民币强起来，让人民币成为国际货币。当然，作为基础，更少不了让中国强起来。

六、必须深化经济改革，加快推进人民币国际化

面对这次疫情，金融领域受到了一系列深刻冲击。面对冲击，中国很难独善其身，只能争取相对好的结果。好在中国比较早地度过了第一个阶段，稳步地复工复产，各方面都在恢复过程中。这种情况下，实体经济领域应当加快改革。党的十八届三中全会已经描绘了周全的社会主义市场经济的蓝图，按照这个蓝图去施工，将中国比较快地建设成现代社会主义市场经济，属当务之急。

金融体系中，必须加快推进人民币国际化，依托强大的经济实力把货币推出去。货币推出去也不是说推就推，实际上又归结为金融改革的问题。所谓推出去，不是说让外国人持有人民币，而是让他们持有人民币定值的金融资产。比如，人民币定值的股票、债券、住房，等等。总之，这就需要我们进一步加大金融对外开放，进一步把国内金融体系市场化，让国际投资者愿意、能够持有人民币定值的资产，这样人民币国际化才能稳步推进。

总之，如果说过去很多矛盾都还潜在的话，那么疫情把很多矛盾都揭开了。面对矛盾，中国肯定毫无畏惧，继续按照既定的方向，推进我们的经济发展，这个方向就是加快改革、深化改革，相信中国能够率先走出衰退。

中国金融产业面临的三大挑战

张 春

　　教育和金融是科技创新的两大支柱。大家可能都知道，相对而论，制造业是中国的强项，而教育和金融是中国的软肋，中国今后的经济的发展主要是靠创新驱动，而教育尤其是高等教育，和金融是科技创新的两个最大的支柱。这两个产业在美国相对比较有优势，高等教育和金融是美国非常强的两个行业，有很多中国客户（例如中国留学生）。疫情以后全球矛盾可能会激化，中美之间可能会有一定程度的脱钩，当然我们希望可以避免，因为中美脱钩可能会对中国造成一些负面的影响。不过，疫情也给中国带来了一些前所未有的机遇。

　　中国在这两个产业进一步的改革和开放可以带来更大的发展，可以更好地为继续走全球化道路服务，所以我今天谈一谈这两个产业在疫情

作者系上海交通大学上海高级金融学院金融学教授兼执行院长、国际金融家论坛主席。

后的发展问题。

先说教育，主要是高等教育。中国的高等教育虽然最近这些年有相当大的提高，但是高校的教学和科研水平与世界顶尖的水平还是有很大的距离，教学和研究往往与实践当中最前沿的一些领域有脱节。研究比较注重数量，而忽略质量。招生和培养整个过程偏重考试和考分，学生的实践和创新能力不够强，不太能够满足创新型经济发展的需求。所以这个问题的关键在哪里，关键在于教育主要依赖于政府的拨款，政府然后用管理国家和政府的行政管理方法来管理高校，包括配置资源，而不是根据教育和科研本身的一些规律来进行管理和配置资源。所以高校的人事、财务、招生、培养过程，整个一套体系是被称为事业制的方法，事业制的不少规章制度非常陈旧、过时，所以需要有大幅度的改革和创新。

由于疫情对国际差旅的影响，各国学校线下开学存在很大的不确定性，以及全球矛盾一定程度的激化，都对跨境留学行业带来了极大的负面影响。中国是一个留学生出国的大国，疫情下中国学生出国的人数有可能会有很大幅度的减少；而海外的华人教授因为种种原因，回国的意愿也有可能会加强。加上中国民间办学的意愿和资源也越来越强、越来越多，所以疫情也带来了机遇，如果能在教育尤其在高等教育方面做一些改革的话，可以提高高等教育的水平。

建议开放多种办学模式，现在的模式主要是靠政府拨款，这个模式带来的问题我也说了。我们是不是可以借鉴国际上的一些其他模式。比如在世界上排名顶尖的一些大学，当中有很大比例是美国的所谓的私立大学，这是他们利用民间和社会的捐赠来创办非营利性高校，并在此基础上建成的世界一流的大学。这种模式中国不能完全照搬，但是可以借鉴。这就是我建议中国对民间开放的第一种模式。

要实现这种模式需要中国对原来办学的规章制度有一定改革和创新，甚至是较大的改变。比如以前教育部规定，要办一所大学，必须在办了多少年本科以后才能招聘研究生，办了多少年硕士以后才能招聘博士。这些规章制度可以改革，甚至可以改变。因为要创办世界一流的大学，步伐应该迈得更快，尤其是要吸引更多高端教授。中国已经在试点这个模式了，比如杭州的西湖大学，但是目前试点的范围还太小，走得比较慢。

另一种模式是准许现有大学引入民间和社会的资源。办一个学院，模式可以是有更多的民间和社会的捐赠来办，更国际化，更按照教育和科研的规律来办，而不是按照一个行政体制的方法来办。

最后一种可以考虑的模式是让国际一流大学进入中国办学，这个目前已经在试点。比如上海的纽约大学、昆山的杜克大学。在今后的几年，这个模式可能会有更大的发展，需要进一步改善，更大幅度地开放。

对现有的高校及其运营模式也应该进行大幅度的改革，比如改革招生、培养的模式，实践性应用性很强的学科，应大大降低统考在招生标准当中的比重。目前中国大多数招生都要统考，而且过于偏重考分。实践性很强的学科，用考分来评判一个学生不太合适。

总之中国教育应该尝试多种模式开放和办学，多条腿走路，最终使教育能够达到世界顶级的水平，更好地为中国创新、科技水平、经济发展服务。

中国金融产业存在中小企业的融资、创新型企业上市问题和人民币国际化三大挑战

下面我讲一下金融，中国金融产业有三个主要挑战，分别是中小企业的融资问题、创新型企业的上市问题和人民币国际化的问题。在疫情

后，这三方面可能有更大的改革和开放的机遇。

为中小微企业做好金融服务要坚持新方向和采用新模式

第一，中小微企业融资难、融资贵的问题，我们讲了很多年，这次疫情对中小微企业带来了巨大的冲击，使这个问题更为尖锐。但是另一方面，这也是一个很好的思考和改变这个问题的时机，要有新的方向和新的模式。

为中小微企业解决融资问题要坚持新的方向，这个新方向就是要通过金融科技、利用大数据、人工智能和区块链等手段来发展普惠金融。通过这些手段，中国在金融基础设施的某些方面尤其是支付领域已经走在世界的前沿，所以我们要继续探索和创新这个新方向。过去两三年，中国在这方面创新的步子放慢了一点，可能更多的是考虑风险，当然风险肯定要考虑，但是仍有很多值得创新的区间。我们要继续坚持这个新的方向，因为这个方向才能真正解决中小微企业融资难、融资贵的问题。

新的模式是要探索和试点多种产业组织结构的模式，什么叫产业组织结构的模式？中国金融主要还是国有金融机构在主导，尤其是国有银行。在这种情况下，要走金融科技的新方向有一定难度。目前正在探索的一种模式是国有金融机构开金融科技子公司，比如中国的五大国有银行都建立了金融科技子公司。但是这种组织结构的探索由于种种原因，也碰到了不少问题，例如在人才的引进、创新方面还存在一些障碍。所以国有银行和金融科技合作的探索可以进一步借鉴混合所有制的模式。

央行最近也推出了数字货币，开始试点，日后的支付会建立在这个

基础之上。民间的电子支付、数字货币已经有民间的金融机构在探索了，现在再加上央行的数字货币，后续中国围绕着央行的数字货币，让金融科技公司大力参与，建立一个全新的数字货币体系，使今后整体金融服务的上层建筑建立在这个数字货币支付系统的基础设施上。所以在新模式里也要考虑新的数字货币。

资本市场需完善退市制度，加大信披造假的处罚力度

第二，中国资本市场的培育、发展和壮大要考虑怎么样让创新型企业更容易地在资本市场里面融资、上市和其他相关的金融服务。去年上海证券交易所试点了科创板和注册制，最近又推广到深交所。疫情以后，因为种种原因，例如逆全球化的一些矛盾、争议，会对境外上市企业带来一些问题和风险，不排除有不少企业要回归，甚至一些新型优秀企业会选择在境内上市和融资。

所以一定要把握住这个机遇。但是现在科创板包括注册制，还需要进一步改进和完善。接下来很重要的一个需要解决的问题就是退市制度。因为注册制和科创板，企业上市的条件相对放松，但是经过一段时间以后，通过对企业有更进一步的了解，这个时候要有更严谨、严格的淘汰机制，这一项要尽快地提上议事日程。

还有一个方面是信息披露造假的问题怎么来解决？过去这一年也在探索，对造假处罚的力度需要再加大，而且要有多种形式的处罚。除了行政处罚外，要有刑事包括民事的处罚。只有真正加强造假的处罚力度，才有可能真正把注册制做得更好。同时也要吸引境外企业来中国，来上交所、深交所上市。

建立人民币金融自由贸易港，对境外全面开放

第三，人民币国际化要在境内做试点。受疫情影响，大家对人民币国际化的紧迫感会有所加强。中国是一个贸易大国，人民币在贸易项下的兑换和使用会有很大的需求，因为世界上很多人都要买中国的产品，可以很自然地让他们使用人民币。但为什么现在人民币在国际上的结算比例还非常低呢？主要原因是人民币不容易拿到，而且即使拿到了，对方不愿意持有人民币，因为没有一个和国际市场自由连通、完全开放的人民币市场，可以在获得人民币时进行投资，需要人民币时进行融资。造成大家不愿意持有人民币，所以贸易的时候也不用人民币结算。

以前的思路是希望通过香港或者伦敦等境外金融市场试点人民币，打造一个境外人民币的金融市场，让大家愿意接受人民币。但疫情后，中国应该在境内有一个相对隔离的区域试点和全球金融市场高端连通接轨的人民币产品和市场体系。我们的建议是，将上海自贸区的新片区作为试点，建立人民币金融自由贸易港，对境外全面开放，但是以人民币计价的完整的金融市场，包括债券市场、股票市场、汇率市场、衍生品市场，鼓励境内外的企业都来进行人民币的投融资。

这个市场在开始时，通过自由贸易账户来进行有效的隔离，可以是一个离岸市场，这样才容易建立一个高国际水平和高度开放的市场。但它不是西方讲的传统离岸的概念，不做传统的离岸业务，它是建立在以人民币定价结算的基础上，对境外全开放的，包括各类股权、债权、期货衍生品的交易市场，为国内外企业，包括"一带一路"企业，提供全球化的人民币投资、融资和风控的金融产品和服务。

为了控制风险，这个新片区的全开放的人民币金融市场和境内的人

民币市场可以是有限的隔离，并通过自由贸易账户实现风险可控、全信息的连接和渗透，争取在今后五到十年逐渐和境内人民币市场完全打通。这个试点不是为了和国际脱钩，而是为了让人民币更好地进入全球化的体系，需要有大量的国际参与者，包括国际的投资者和金融机构。

过去这一年中国已经通过更大的金融开放政策吸引了不少境外的金融机构来中国落户。如果能建立人民币金融自由贸易港，境外机构会有更大的激励参与，也会有更多的业务可做，而且现在是一个很好的机遇。

全面金融危机风险与应对政策

王　江

　　我主要就下面三个方面谈点看法：第一是疫情的特性及其对经济的冲击；第二是各国政府在经济和金融方面各项应对政策的目标、举措和演变；第三，下一步经济形势的发展和新政策出台的情况。

　　准确地认识这次疫情的性质、特征和演变规律是判断其对社会和经济的影响及其发展，制定恰当的应对措施和政策的基础。此次疫情发展至今，其性质已经非常明确，即是一个突发的全球性灾难。已知的突发全球性灾难大致可分为三类，第一类是外生的自然灾害，如超大火山爆发、外星体的撞击等。第二类是内生的，如世界大战、核战和生化战、超大经济危机、重大技术失控等。第三类是外生伴随内生的，如自然性

　　作者系上海交通大学上海高级金融学院学术委员会主席，麻省理工学院斯隆管理学院瑞穗金融集团讲席教授，国际金融家论坛名誉主席。

也就是非人造的瘟疫。瘟疫本身虽然是外生的，但其蔓延情况依赖于防控举措，此次疫情显然属于第三类，即外生伴随内生的突发的全球性灾难。

疫情对全球经济和金融市场造成剧烈冲击，有可能转变为全面的经济和金融危机

这场突发的全球性灾难已对全球经济和金融市场造成了剧烈冲击，并有可能逐步演变为一场全面的经济和金融危机。但与以往的全球经济金融危机相比，此次疫情引发的经济动荡从起源和性质上截然不同。1929年的大萧条和2008年全球金融危机引发的大衰退，源于经济和金融体系自身的缺陷，是内生的。但其起源往往是不清的，因此如何应对带有相当的盲目性。而此次疫情所引发的经济动荡是外生的，主导因素是新冠病毒的爆发。首先受到冲击的是社会和实体经济，及居民和企业，因此它的起源是比较清楚的。但其演变和影响又在很大程度上取决于我们的应对，尤其是对疫情有效控制的程度。此次疫情是从局部灾难演变成全球性灾难的，发展过程充分地体现了外生伴随内生的特点，各国政府的应对举措是否得当，以及全球政策是否能够协调配合，对疫情的全球蔓延起着决定性的作用。

因此，无论是过去还是今后，疫情的发展都主导着经济环境的演变，是影响各方面应对举措的基本因素。这虽然是个明显的道理，但似乎未被充分重视。疫情对经济的影响是巨大的，它通过对社会及其正常运行体系的冲击，使得实体经济停滞甚至停摆，产生极为直接、全面和广泛的影响。具体来讲主要体现在四个方面：第一，需求大幅下降。第二，供给受到极大的冲击。第三，金融市场高度紧张和动荡。第四，各宏观

经济指标全面恶化，不确定性持续增大。

就这四个方面我想做一个简单的刻画。首先是需求的大幅下降，在全球疫情不断蔓延之下，各国的总需求都受到了巨大的负面冲击。从个人层面看，各国采取的社会隔离措施使得居民消费大幅下滑，尤其是服务业，如餐饮、娱乐、文化、航空、旅游等，需求下降最大甚至归零。从企业层面看，疫情对各行各业都带来巨大冲击，经济停滞、下滑及相应的不确定性大大地降低了企业的生产和投资需求。

疫情给供给方也带来了极大冲击。全球疫情蔓延下，首先社会隔离措施导致劳动力短缺、生产停滞，各国供应链中断，对整个服务、制造、教育等行业的冲击巨大。其次，全球化的制药、半导体、汽车制造等行业及与进出口相关的企业由于疫情导致产业链和贸易的阻滞，也受到很大的负面影响，且短期内难以恢复。最后，强周期的行业，如能源、原材料等行业也会因此受到拖累。

金融市场很早就出现了高度紧张，信用流转出现阻碍

疫情影响下，金融市场很早就出现了高度紧张，疫情给经济带来的冲击和巨大的不确定性，已造成金融市场多方面的恶化。首先，疫情带来的不确定性立即造成全球金融市场流动性的紧张，反映为金融市场流动性的多个重要指标继续呈现2008年金融危机时的走势。例如3月底反映，全球银行体系的信贷压力的一个主要指标，即Libor和OIS的息差达到1.37个百分点，这是2008年金融危机以后的最高水平。信用也从扩张转变为收缩。虽然各国央行为了稳定金融市场注入了大量的流动性，但是金融机构之间的流动性、供给意愿并未上升，信用

流转出现阻碍。

在市场波动性增加以及疫情不确定性的情况下，投资者的风险偏好迅速下降，从持有资产迅速转为持有现金，直至现金为王。比如，3月25日美国货币基金市场的基金资金流入量达到2600多亿美元，这是历史最高值。金融市场紧张的另一个反映就是美元又成为安全天堂。市场的恐慌情绪导致新兴市场面临撤资压力，而大规模的美元回流使得新兴市场货币进一步面临贬值压力。美元指数于3月底一度突破103，为2017年1月以来第一次。同时，对于经济前景的负面预期和担忧也直接反映在资本市场，资产价格大幅下跌。全球各大经济体估值自年初以来平均下跌超过20%，美国股市现在的跌幅仍为16%。美国虽然采取了规模空前、手段丰富的货币金融政策，为市场注入足够的流动性，但由于疫情仍在蔓延，市场信心还是难以恢复。同时，经济下行导致企业信用问题恶化，债券市场也存在着巨大的风险。

在各个方面的负面影响下，不难想象，宏观经济指标出现了全面恶化。各国的总需求和总供给双重下滑，导致各国的GDP增长的预期也明显下降，失业率大幅上升，以PMI为例，中国2月份的PMI指标为35.7%，相比于1月份下降了14.3%。德国的PMI从2月的50.7下降到3月底的35。受疫情影响，3月以来各国失业率大幅上升，白宫经济顾问凯文·哈塞特（Kevin Hassett）表示，美国的失业率4月可能达到16%或更高。

各国经济政策的目标和举措归纳为三个阶段

疫情的全球蔓延使各国经济受到巨大影响。为了应对，各国也推出了一系列内容丰富、规模庞大的经济救济政策。驱动这些政策的基本因素很简单，就是疫情。因此随着疫情由局部扩展到全球，各国的经济政策、目标和模式也先后发生了根本性的转变。欧美的经济政策在疫情的前期扩散阶段，也就是最初在中国暴发的时候，是以稳定经济和金融为主线的常态管理。但随着疫情的全球性暴发，尤其是在欧美的暴发，这些国家的应对政策已完全转变为以抗疫救灾为首要任务的一种非常态的危机应对模式。其经济措施具体体现在支持抗疫救灾和保证经济双管齐下。由于疫情最先暴发，中国的各项政策比较早地进入了一种非常态的应对状态。

因此，根据疫情发展的不同阶段，可以对各国经济政策的目标和举措做一个简单的梳理。总的来讲，可以归纳为三个阶段：第一个阶段是以稳定经济和金融为主线的常态管理。在疫情尚处于全球局部暴发的阶段，欧美等主要经济体的经济政策，主要是基于对疫情的判断，即存在可能延至本国的风险，从而采取了常规的货币和金融政策，以稳定金融市场和经济，维护市场信心为主要目标。

这个政策应对的第二个阶段是以抗疫救灾为首要任务、同时稳定经济金融的非常态危机应对模式。从3月中旬到现在疫情进入全球暴发的阶段，以欧美为代表的西方经济体的国内疫情迅速恶化，各国政府逐渐意识到疫情防控是当务之急，也是经济政策的首要目标和实现其他目标的基础。西方各主要经济体的经济政策都进入了危机应对。这一阶段的经济政策都以抗疫救灾为首要任务，同时兼顾稳定经济和金融。具体来讲，这一阶段的非常态应对经济政策目标是1+4。第一也就是首要目标是支持抗疫救灾，加四个经济目标，一是保障民生，二是纾困企业，三是稳定金融，四是降低经济危机的风险，准备经济复苏。

　　总的来讲，目标和内容具体如下：在抗击疫情方面，除了社会隔离、加强检测和治疗等公共卫生政策以外，各国经济政策的首要目标是对抗疫相关方面提供必要和直接的财务支持，保障民生主要是在防控疫情期间，各国政府确保受疫情影响的居民在失业或没有收入的情况下能够维持基本的生活水平。纾困企业主要通过财政和金融的手段，支持和帮助中小企业和严重受创的行业渡过难关，并维持就业。稳定金融主要是在疫情暴发期间，缓解金融市场所出现的流动性紧张和信用成本上升的情况，包括稳定资产价格，以保证金融对实体经济的支撑。在降低经济危机风险方面，各国政府也采取了各项措施，包括前面所说的辅助民生和企业，稳定总需求和总供给，因为这是政府经济发展的一个中长期目标。

　　显然，控制疫情只是恢复经济的前提条件，目前的经济政策虽然还是以抗疫优先，但兼顾避免金融、经济长期衰退，同时继续准备疫情可控后的经济复苏。随着疫情的演变，各国会不断调整政策目标并不断加码措施，这个特征会一直贯穿至抗疫取得决定性胜利之前。这些政策总的来看初有成效，但是否充分及能否带来其他影响，仍有待进一步观察。

　　政策应对的第三个阶段是在疫情得到控制后，以复产复工和恢复经济正常为目标的常态经济应对。但是特别要强调的是，经济的稳定和复苏只能在疫情得到有效的控制以后才有可能成为政策的主要目标。

经济的恢复多半不是简单的"V型"，更可能是"U型"

　　下面我想就下一步经济形势的发展和政策的走向做一些简单的探讨，

首先要看到下一步疫情的发展及其对经济的影响仍然存在着巨大的不确定性。有一点是必须要肯定的，即总体疫情是不乐观的，整个经济的恢复多半不会是简单的"V型"，而更可能是"U型"，并且经济恢复的跨度不是以季度计，而是以年度计。最终是否能够恢复到疫情以前的状态，也有很大不确定性。

比如美国行业分析师们近期总体对2020年企业盈利增长的预期下调了13个百分点，从原来的13%下调到几乎为0，对2021年下调了7个百分点，对2024年，也就是四年以后，仍然下调了2个百分点，这也就是说即使到2024年，整个市场的预期还不能恢复到疫情前的水平。众多分析师对近期的预测上有比较大的差异，但在对2024年的预期上较为一致，这也从一个侧面反映了市场对疫情带来的经济影响的忧虑。

结合前面对疫情性质和影响，以及各国政策目标和措施的分析，下一步的政策走向取决于四个因素：第一是各国疫情发展及抗疫的成效；第二是现行政策的效果；第三是经济形势本身的发展；第四是全球疫情蔓延的情况。而这四个因素互相联系。如果各国疫情态势严重，抗疫效果不佳，那么对经济、金融的影响将进一步加大，现行政策的力度将无法满足抗疫纾困、稳定民生、降低风险等需要，则政府需要进一步加大政策力度，采用更多工具。如疫情持续时间过长，经济则可能步入大衰退这样一个状态。如果全球疫情在短期内能够得到有效控制，那么未来政策的中心可以从抗疫、纾困转移到恢复经济增长上面来。

值得关注的是，全球抗疫难度和进度面临几个最为不确定的因素。第一是欧美的疫情发展。目前欧美的疫情状况尚不能说已过高峰，防疫抗疫的公共卫生政策仍处于不断调整之中，无法准确预期疫情的控制时间。第二是发展中国家的疫情发展，如印度、南美和非洲。如果发展中

国家疫情出现大规模的暴发，将带来全球疫情的第二次冲击波和巨大的人道危机，并为疫情的最终控制带来更大不确定性，这种可能是极为堪忧的。第三是全球疫情的相互影响，目前疫情在全球几个地区先后传播，需要谨防未来在更多地区产生交互影响，否则会导致疫情的进一步反复和扩散。

现在各国处于疫情演变的不同阶段，抗疫政策前提假设、目标和发力程度也不一样，且不同步，很少协调，即使是同一个国家和区域内（如美国和欧盟）也会如此。而面对新冠疫情这一全人类的共同危机，没有哪个国家能够独善其身。各国需要充分意识到，要尽快控制住全球疫情就必须进行抗疫协作、合作科研攻关，积极支持国际组织发挥作用。在此基础上要加强国际宏观经济政策的协调，共同维护全球产业链、供应链的稳定，以此保证世界经济的稳定和发展。

资本市场中的投资者保护

刘纪鹏

疫情之后，如何应对经济下行压力，是当前国人普遍关心的重大话题。推行积极的资本政策，振兴股市，既是深化金融改革的重点任务，也是今天应对经济下行压力的重要举措。振兴股市既可以提振国人信心，为经济建设解决直接融资问题，又可以通过发挥财富效应进一步拉动消费，释放内需潜力。更重要的是，中国以间接融资为主的金融体系根深蒂固，而向振兴股市等直接融资方式的转变可以有效化解我们目前面临的金融矛盾，降低金融风险。

实际上，在市场化改革的进程中，我们除了关注产业链还应将目光转向价值链，因为价值链是产业链的最终实现。大国崛起的博弈中，资本市场，无论是股市、债市还是期货市场，实际上已成为竞争的"主战

作者系中国政法大学商学院院长。

场"，而在这个战场上，掌握了资本市场中的定价权，或者说市场经济竞争中的话语权，也就掌握了"制空权"。在中国资本市场的发展过程中，股市始终不争气，"牛短熊长"，原因究竟何在？到底是资金面的问题，是经济周期的问题，是国际环境的问题，还是经济形势的问题？众说纷纭。我认为中国股市的症结在制度和技术。

从制度的角度看，资本市场和货币市场最大的区别是我们的货币金融是以商业银行为主导、以货币市场为基础的间接债权融资体系，而我们的资本金融则是以投行为主导、以资本市场为基础的直接股权投融资体系。过去，我们的金融体系主要还是为有钱人、大企业、国企服务的，即便是资本市场，也偏向于照顾投资人的利益，导致多年来成了融资者的天堂、投资者的地狱，不能产生对投资人的财富效应。甚至在某种意义上，中国的股市始终是非公平少正义的，大股东们将其当作存量财富的分配市场，而不是增量价值创造的多赢市场。今天监管者和决策者都看到了资本市场振兴的重要意义，资本市场绝不能再是一个赌场、投机的市场，而是要放到大国崛起"主战场"的地位。

就技术层面而言，监管者是否熟悉资本金融的特点，并且是否能在资本市场的发展中充分考虑投资人的利益，才是我们能否振兴资本市场的关键所在。在资本市场的发展中，我们的认知一直处在不成熟的状态。美国的资本市场在2008年金融危机之后迅速复苏，甚至在这次疫情下亦是如此，2020年3月，美国在十几天之内经历了四次熔断，股市从29000点跌到18000点。美国财政部、美联储和白宫集体采取合力政策，如利息降到零的货币政策，美联储无限量的货币宽松等，都使美国在短时间内摆脱了一场股灾。在过去的十几年里，资本市场一直是美国最重要和最关键的市场之一。

在美国，无论是企业，还是各种企业年金、共同基金、养老基金、教师基金，都在他们的资本市场里得到体现。所以，有一种说法是"美国股市不倒，美国经济就不倒"。虽然我们也认识到了资本市场的重要性，但是股市却始终起不来，问题在于现在的政策是否能起到振兴资本市场的作用。而解决这一问题，我们又应该从哪儿入手？这还需进一步深入探讨。比如我们是否意识到投资者利益保护和财富效应的重要性，应适当约束发行者和融资者。股市多年疲软，出现"不管熊市、牛市都要跑步上市""融资者的天堂、投资者的地狱"等说法，这个症结在哪儿，需要认真分析。我们在2019年推出科创板，2020年推出注册制、创业板、改革新三板，是否意识到要注重投资者的利益？今天中国股市疲软的原因就在投资者，而不是在融资者。从这个意义上，科创板、创业板以及新三板的很多政策推出，仍然是几个交易所在盲目竞争，以降低融资者的门槛为牺牲，最大限度地各自垄断上市资源。上市公司作为市场的上帝被以证券公司为代表的中介机构青睐，而投资者的利益却始终没有得到足够的保护。

大家可以清楚地看到，目前很多制度仍然是向融资者倾斜的，包括大股东减持期限，包括亏损上市、双重股权架构、申请上市公司的关键人物、核心人物可以在12个月减持，等等。为什么总是要开展投资者教育？又是谁来教育投资者呢？还是融资者和发行者。所以我说，如果是开展对发行者的教育，那我积极支持，可投资者担着投资风险，处在普遍亏损的状态，还要不断接受融资者和发行者的教育，这是什么道理？要扭转当前资本市场上这种非公平少正义的现象，就要从财富分配入手解决中国股市的症结，还股市以公平正义。

这些融资者将过多的精力放在减持上，特别是现在的上市公司普遍

一股独大，减持的过程就是以低廉的原始股在市场高价套现。他们把主要的精力放到存量财富的分配上，而非在原有基础上把企业做强，与投资者分享，实现利益多赢。我们推出注册制，推出新板块的同时，必须要考虑如何向投资者倾斜。当然，振兴股市，除了要明确指导思想外，还要在技术和制度层面推出一系列相关政策。比如，能否明确提倡积极的资本政策，因为财政政策释放的财力有限，货币政策不敢进一步放大，如果不加限制就会产生新的矛盾。金融危机这几年，我们始终处于高度警惕的状态，比如理财市场就出现了很多问题，因此金融改革不能仅靠单一放贷，必须要让位于直接融资。实际上，从间接融资到直接融资，我们已经说了很多年，之所以收效甚微，就是因为缺少积极的资本政策。股市的融资需要投资者自担风险，不像理财暴雷会产生社会矛盾，把我们过剩的、高达两百万亿的M2资金从房地产、从简单的理财市场，引导到资本市场里，是一举两得的方式。

积极的资本政策可以转变融资方式，化解金融风险，同时又支持投资并带动消费。货币政策体现在降息、降准，资本政策就是要通过降低资本交易税等措施，最终提高直接融资的比例，我们能不能从现在的20%左右提高到50%？发达国家普遍是通过股票、债券、基金提高直接融资的比例。我们的证券化率，即资本市场的市值和GDP的比值也应提高。在美国等发达国家，证券化率高达200%，也就是说在国家GDP达到二十几万亿美元时，纽交所的市值恐怕是GDP的两倍。而我们的股市始终在3000点以下徘徊，40多万亿元人民币的市值对应90多万亿元GDP的比值，证券化率是50%。除此之外，直接融资的指标能不能像间接融资一样，登上经济工作会议、金融会议的"大雅之堂"也是关键。既然资本的直接融资确实是社会融资的重要组成和发展方向，我们能否大胆地提出，要在稳健货币政策、宽松财政政策的同时，推出积极的资本政策振兴股市。

首先，资本市场是个供给的系统，投资者的选择意味着企业制度的转变。国企的改革从过去的国有企业为主到国有资本为主，资本完全可以和市场经济对接。国有资本在竞争领域里发挥积极作用，建立了现代的股份公司制度。而民营企业也不能总是私人独资，也要建立现代的股份公司制度。所以，在执行积极的资本政策的同时，要带动企业制度的变革。像科创板第一家又是个"夫妻店"，上市后夫妻的占股比例还在60%以上，这是现代公司的结构吗？所以，从微观层面看，A股公司的问题不仅是原始股大股东减持和财富分配的不合理，还体现在治理结构很难科学化上。设想，一个大股东持股百分之六七十的上市公司，它谈得上治理吗？即便独立董事制度由董事会聘任，可董事会又是谁的呢？所以资本市场治理结构、上市公司质量等问题也和积极资本政策下的股权革命息息相关。

所以，中国股市要想振兴，就要解决大股东和高管的问题，应从开展投资者教育转换为开展发行者教育。什么是发行者教育？就是以上市公司为核心，以券商为龙头的律师事务所、会计师事务所、评估师事务所和交易所等所有在资本市场挣钱、套利，以资本市场投资者作为衣食父母的中介机构，都应该接受再教育。投资者给他们钱并承担风险，但上市公司却不能很好保障投资者的主人地位，所以监管者一定要大力开展发行者教育。

其次，中国资本市场还应开展监管者教育。此次注册制改革，是公司在证监会注册后，在交易所再核准。这在监管上是一场革命，因为它要实现的是监审分离，下放核准，让供求变得真实，不像过去，监管部

门把主要精力都放在"选美"上，而不是放在"抓贼"上，每次上市几个、核准几个，全是不真实的供求。还有一点是要做实保监，所以我认为注册制的核心是16个字："监审分离、下放核准、真实供求、做实保监"，通过注册制，正确处理交易所和证监会的关系。现在中国的交易所四不像，最时髦的说法是证监会的前哨阵地，这怎么监管？交易所是定义为会员制、公司制、事业单位，还是证监会的分支？要尽早明确。在监审分离的背景下，证监会应把监管作为自己的主要职责，把交易所纳入监管对象，责任清晰。除了重新厘清交易所跟证监会的关系，同时还要明确上市和退市的关系，把证监会的视野从入口管上市选美转换为出口管退市抓坏人，这样证监会才能够真正种监管的田，放弃"恋权"情结。

在中国认清了振兴股市、提振经济、顶住经济下行这个大方向后，明确指导思想，真正保护投资者的利益，约束融资者和发行者的权利，如果入手点选得准，制度问题和技术问题可以迎刃而解。具体落实到行动上，我认为还有两点：

第一，推出注册制同时限制第一大股东在上市申请发行上市公司的持股比例，把诸如夫妻、兄弟、父子等第一大股东的持股降到34%。你想卖掉股份套现，你就失掉股东会上的一票否决权，也就丧失了控制权。股权多元化，才谈得上上市公司的治理结构，才谈得上独立董事制度，才能够发挥保护中小投资人的作用。

第二，虽然现在号称是董事会选拔独立董事，可是董事会又是由大股东控制的，独董都成了"花瓶"。国有企业的一股独大具有历史原因，同时上市公司的利益和国有企业的高管并不直接关联，他们在减持、攫取暴利、违规犯罪上远远不如家族企业的利益关联直接、紧密。所以现在无论中概股是在国外还是国内资本市场，在注册制背景下，对上市公司的监管，都应该注意从制度、股权结构上限制第一大股东，这样才能建立合理的治理结构，最终让独立董事发挥作用。

我认为，如果监管者接受再教育，真正懂得技术，在振兴股市、提振中国经济的指导思想下，熟悉投资银行的业务，同时紧紧地把中国资本市场的衣食父母，即投资者的利益保护以及财富效应放在首位，约束融资者，那么才能从根本指导思想上扭转今天中国资本市场的被动局面。只要抓住了上述核心点，我相信我们提振股市、推出积极的资本政策、缓解经济下行压力的目标就一定能够实现。

变局中的新局
全球经济与政策选择

春风吹又生　A股市场发展新机会

严　弘

3月份以来，随着新冠肺炎疫情在全球的蔓延，全球金融市场出现了巨幅震荡，美国市场甚至出现了四次熔断，这是百年不遇的现象。相较而言，中国的A股市场经受住了考验。

对A股市场来说，这个春天是一个非常不平凡的春天。新的《证券法》在3月1日正式实施，为中国A股市场的进一步发展和法制化建设提供了有力的法律保障。4月份，国务院正式颁布了《关于构建更加完善的要素市场配置体制机制的意见》，明确提出了要推进资本要素市场的改革，坚持市场化、法制化的改革方向，并减少对市场的行政干预，这为未来中国A股市场的制度化建设提供了非常好的指引。

作者系上海交通大学上海高级金融学院金融学教授、学术副院长。

最近，《创业板注册制实施方案》也获得了通过，使在科创板试行的注册制能够在A股市场的其他板块得以复制、改善和实施，这也为股市的市场化和法制化的建设和改革提供了一个非常好的契机。

因此，尽管我们还面临着全球疫情的挑战，但是中国A股市场的制度化建设迎来了一个发展的春天，这为A股市场的进一步发展提供了有效的保障。

创业板注册制的实施是A股市场建设发展中非常重要的一步，去年科创板的推出和注册制的试行是我国资本市场发展中非常重要的里程碑事件。科创板试点给资本市场带来了如下新气象。

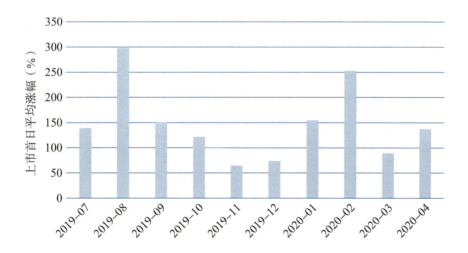

上面这张图是截至4月30日在科创板上市的100家企业上市首日的涨幅。可以看到，虽然在不同月份首日涨幅有所不同，但是基本还是呈现出与一般市场IPO涨幅相近的现象。涨幅高低的差别体现出市场上对不同类别、不同性质的上市企业的价值判断和偏好。

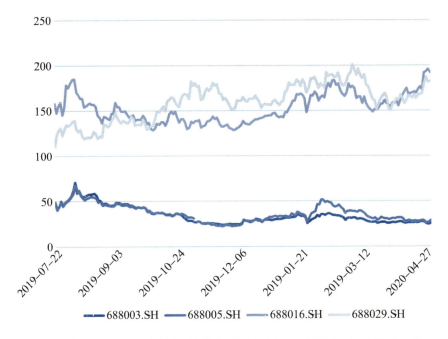

上面这张图显示，在注册制形态下的科创板市场已逐步形成了一个判断企业价值的有效机制。对一些真正能够给投资者带来价值的企业，市场能够辨别出其价值，能够认同其未来的增长机会；而对一些可能不尽如人意的企业，市场也做出了相应的反应，这些企业很快就跌破了发行价。

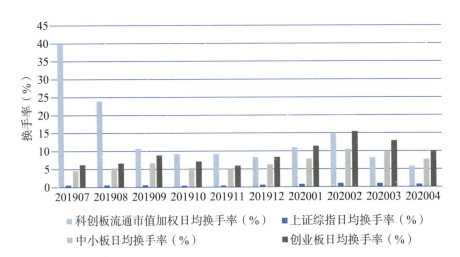

从市场运作来看，上图显示整个市场的换手率在经历了头两个月的狂热期之后，逐步趋于正常。可以看到，最近几个月，科创板的换手率跟其他板块的换手率比较接近，甚至在最近两个月，它的换手率还低于创业板和中小板，这个也跟科创板的上市企业的基本形态比较一致。

科创板试行注册制的一个重要目标和宗旨，就是让市场来充分发挥定价功能，让市场根据企业所披露的信息来做出判断。我们看到，这个过程也大大缩短了上市企业从申报到上市的时间（如下图所示）。虽然在最近几个月，这个时间稍微有所延长，但是整体来说，从申报到上市，整个过程都在一年之内，这在审核制的状态下是很难想象的事情。

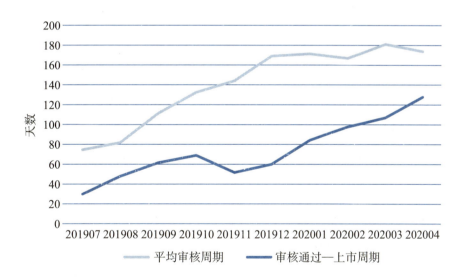

这是科创板的一些经验，这些经验将来也能够在创业板注册制的实施中得以发扬光大和进一步改善，促进整个资本市场的市场定价功能得到充分体现。

另外，中国人民银行最近发布了《2019年中国城镇居民家庭资产负

债情况的调查报告》。从报告里面可以看到，中国家庭的资产构成中20%左右是金融资产，80%左右来自实物资产，而实物资产中绝大部分来自房地产。房地产在整个中国家庭资产的构成中占到举足轻重的分量，而金融资产相对来说占据的地位和比例就比较弱了。相对应的是，美国家庭资产的构成中金融资产占到72.5%，房地产所占据的家庭资产的构成比重相对要低很多。从这个角度来说，中国家庭资产的整体构成中，金融资产的增长空间还是比较大的。

此外，报告中指出，中国家庭金融资产的构成中有2/3都是银行存款和银行理财产品，只有6.4%是直接的股票投资，而通过基金所实现的间接的股票投资只占到3.5%。整体来说，中国家庭在股票市场中的投资只占其金融资产不到10%，也即家庭资产整体构成中只有2%左右的资产投资在股票市场。

而在美国，整个家庭资产构成里大概有22.5%是投资在股票市场，是中国的整整10倍之多。从这个角度来看，中国的家庭资产配置需要做一个大幅度的重新组合，从而使其更加均衡，这就给中国股市的进一步发展带来了很大空间。

另外，最近几个月，国际资本对中国股市的兴趣有增无减。特别是过去一年，国际资本对中国股市的兴趣非常浓厚，不断有净资本流入。如下图所示，即使在3月份出现了净资本的流出（因为3月全球股市大动荡，造成了很多国际资本的风险偏好减弱，对风险资产的需求也就大幅下降），但是随着整个全球市场的复苏，从4月份开始，国际资本对中国股市的需求也在不断上升。与此同时，中国股市股指也在逐步回升。

由此可见，不光中国家庭对中国股市的配置需求非常巨大，国际资本对中国股市的配置需求也非常旺盛。我们中国金融研究院最近做了一个关于上海国际金融中心建设的评估报告，调查了几个主要的国际金融中心，比较在它们所处的国家中境外投资者占本国股票市场市值的比例。相对来说，中国的比例是比较低的。因此，我们股票市场的国际化程度还是处在初步发展阶段，进一步提升的空间非常巨大。

北上资金净流入（周、亿元）　　上证综指（右）

通过以上这些讨论，我们可以看到，中国A股市场发展的长期机会非常光明。在全球范围内，中国率先控制了疫情，恢复了生产，使得整个经济回到了复苏的轨迹。从最近的五一长假黄金周来看，很多的景点和消费场所出现了人流的回升，有的饭店还出现了要排队等位的现象。这也充分体现出大家对消费的需求在逐渐回升，这对经济恢复有很大的促进作用。

针对疫情，各国央行和政府推出了一系列历史性的救助政策，造成了全球性的流动性宽松，维护了投资者对风险资产的偏好。然而在中国，这种宽松政策往往会引起大家对房地产市场价格走向的担忧，但目前政府有关"房住不炒"的原则，实际上限制了资本流向房地产。当然我们希望更多的宽松政策所带来的资本能够流向实体经济，但是肯定有一部

分增量资本还是会流向其他金融领域，特别是流向金融市场，而这对金融市场的价格提升会有所帮助。

另外，我们整个国民资产的配置中，权益类资产的配置比例相对其他发达市场是严重不足的，这就会产生一个长期的资产配置重组的过程，会对股票市场起到一个非常关键的推动作用。

前面我提到的中国股票市场改革的春天，所伴随的一系列的改革措施也会增强投资者对整个市场的信心，而目前中国股票市场的估值水平实际上具有历史性的吸引力，这使得不管是国内投资者还是国际投资者，都会更加关注中国的股票市场，都会对将资产配置到中国股票市场有更大的信心和更大的兴趣。

另外我们也看到，中国金融行业的对外开放政策，以及这个政策的不断实施和落地，也会吸引更多的海外金融机构参与到中国市场，提高它们在中国市场的参与度，增进它们对中国经济、对中国市场价值的深入了解，从而进一步促进我们资本市场的国际化。

总体而言，从需求的角度来看，中国A股市场的潜力是非常大的。同时我们在政策的制定和市场的改革方面也出台了一系列措施，促使更多有价值的公司能够参与到股票市场融资，从而使得股票市场的供给方更加充足，也使得我们整个市场的市场化定价机制进一步完善，中国的股票市场更具有投资价值，这也是A股市场的发展机会。

从长期来看，A股市场的前景非常好，我们对发展中国的A股市场有充足的信心。就像巴菲特所说的，投资一个国家的股票市场，实际上是对一个国家未来经济发展的信心的反映。我相信，大家对中国经济发展的未来是有信心的，对中国A股市场的发展也充满了希望。

代　跋

携手冲破至暗时刻，合作塑造后疫情时代

崔天凯

新冠肺炎疫情是百年一遇的历史性事件，在全球范围内引发综合性危机，公共卫生、经济金融、国际关系经历深刻变局。有人说，人类社会进入了"至暗时刻"，既回不到过去，又看不清未来。

越是在关键时刻，越是应该理性和乐观。黎明前的黑暗往往格外黑暗，但无论如何挡不住黎明到来的步伐。恩格斯说过，没有哪一次巨大

作者系中国驻美国大使。

的历史灾难不是以历史的进步为补偿的。从这个意义上讲，我们应该对战胜灾难、迎来进步充满信心。

归根结底，面对严峻挑战，世界向何处去，取决于我们自己如何认识、如何抉择、如何行动。怎样把在灾难中付出的代价和牺牲、习得的经验和教训，转化为推动历史前进的动力？怎样才能冲出至暗时刻、迎来破晓的阳光？我不是经济专家，谨借这个平台分享一些粗浅看法。或者只是提出问题，期待得到启发或者回答。

第一，疫情促使各国加强合作，还是彼此疏离？

疫情是一场全球性挑战，病毒不加区分地攻击所有人。不同国家、民族、种族和社会制度下的人们，感受到了同样的威胁，意识到人类作为一个物种的脆弱。近些年，一些国际政治势力高调宣扬大国竞争与对抗，部分国家军事开支不断攀升，武器装备持续升级换代。但萨德防不了SARS，核武器打不退新冠病毒。疫情让我们认识到，人类命运相连、安危与共，传染性疾病、气候变化等才是我们应共同应对的真正威胁。错把队友当对手，是严重的战略误判。

历史的教训值得铭记。20世纪30年代"大萧条"时，各国保护主义盛行、贸易壁垒高筑，把世界经济拖入了黑暗的深渊，成为第二次世界大战爆发的诱因。而面对2008年国际金融危机，主要经济体则通过二十国集团等平台紧密协作，成功阻止了形势进一步恶化。疫情面前，我们该何去何从？人不能两次踏进同一条河流，却可能因为遗忘历史而再次掉入同样的深坑。

人类是休戚与共的命运共同体，没有哪个国家和地区能成为孤岛、独善其身。在疫情面前，我们需要携手合作而不是以邻为壑，需要团结一致而不是相互指责。我们能做而且应该携手去做的事情很多，加强科研攻关合作，支持世卫组织充分发挥作用，推动完善全球卫生治理，加强宏观经济政策协调，维护全球产业链、供应链稳定，每件事都十分重要、紧迫。而如果政策选择被冷战思维、零和游戏这些有害、过时的理念所绑架，各国无一例外都将成为输家。

第二，经济全球化能够持续，还是逆全球化将取而代之？

疫情暴发以来，一些人把对病毒的恐惧转化为对全球化的排斥，把产业链暂时中断归咎于全球化弊端，这种观点似乎失之片面。

全球化是不可阻挡的历史潮流，受经济和科技发展需要的驱动，是内生性演变的必然结果，为促进各国经济发展、人民生活改善和人类社会进步发挥了巨大推动作用。

另外，全球化进程中确实出现了一些问题，有的还很严重。最根本的是，生产力空前发展，生产关系的改变却没跟上，一些国家治理不力、全球治理体系改革滞后，经济基础和上层建筑之间不协调。这导致增长和分配、资本和劳动、效率和公平之间矛盾突出，表现为发展失衡、贫富分化、金融动荡多发、民粹主义盛行等问题。

从较长的历史周期看，全球化的整体发展态势是螺旋式上升、波浪式前进的，从来没有因为危机和动荡而止步不前。相反，人类社会一直在危中寻机、在直面和解决问题中向前迈进。当前全球化的波折恰恰为我们提供了一个反思、调整、改革和完善的契机。

过去几十年里，随着世贸组织的成立，以及中国、俄罗斯等新兴市场和发展中国家相继加入，真正意义上的全球一体化市场得以形成，互利互惠的全球供应链、产业链已在运转。企图推动国家间经济脱钩、人为撕裂产业链条，这是逆潮流而动。正如习近平主席2017年1月在达沃斯世界经济论坛发表主旨讲话时指出，"让世界经济的大海退回到一个一

个孤立的小湖泊、小河流，是不可能的，也是不符合历史潮流的"。

当前我们应该着重思考的是，如何通过变革使全球化更有活力、更加包容、更可持续、更为安全？如何让不同的发展模式互学互鉴，并汇聚成推动全球普遍发展、共同繁荣的合力？如何协调发挥市场这只"看不见的手"和政府这只"看得见的手"的作用，从而产生最佳效应？但是，如果把遇到的问题简单地归咎于全球化，无异于一叶障目；出于对全球化的恐惧就筑起高墙、自我封闭，无异于因噎废食。

第三，疫情是中美关系改善的契机，还是恶化的催化剂？

疫情在中国暴发之初，美国人民、企业、社会团体和卫生专家迅速伸出援手，这种雪中送炭的情谊我们永志不忘。美国遭受疫情冲击后，中国人民也投桃报李，各省市和企业向美方捐赠、提供了大量物资。两国人民在危难之际互帮互助，表明中美友好具有扎实的社会基础，这是双方关系的希望和根本所在，我对此抱有信心。中美作为世界最大的发展中国家和最大的发达国家，以及世界最大的两个经济体，在合作抗疫、宏观经济金融政策协调等方面大有可为。

与此形成鲜明对照的是，确有一些人被"政治病毒"附体，违逆两国人民的友好合作愿望，一味对中国谩骂、诋毁，不仅鼓吹中美脱钩、对抗，甚至公然挑战中国主权，上演"追责""算账"的闹剧。他们在病毒问题上散布谣言，违背事实，违反科学。他们利用疫情煽动仇恨，甚至敲诈勒索，挑战人类道德底线。他们企图在国际上拉帮结派，挑起冲突，是极其危险地玩火。纵观历史，总有一些黑暗势力试图阻挠人类走向光明，但其结局往往是搬起石头砸了自己的脚。如果有人现在还想这样做，历史会追究他们的责任，世界人民会跟他们算账的。

中美关系40多年的发展历程告诉我们，两国合则两利、斗则俱伤，合作是唯一正确选择，也是我们应始终坚持的大方向。同时，中美关系早已超越双边范畴，对世界和平、安全、稳定、繁荣意义重大。在疫情肆虐的今天，我们不能任由少数人的政治操弄把中美关系拖入冲突对抗、彼此消耗的境地。要从中美两国和全人类的共同利益出发，超越分歧、聚焦合作，努力化危为机。在中美关系发展面临十字路口之际，中方一直站在推动合作的一边，期待美方与我们相向而行。

疫情是一场大考，我们需要给出经得起历史检验的答卷。如果各国团结合作，阳光就能穿透阴霾，未来将灿烂美好。